活在大宋

劉曙剛 著

推薦序

轉生至大宋，盡享豪門貴冑買笑去

宋朝在一般人印象中是國力積弱不振的朝代、匯集內憂外患的朝代，疆域狹小的朝代、重文輕武的朝代，岳飛領十二道厄運金牌而非奧運金牌的朝代。但它也是文藝復興與經濟革命的時代，文化商業教育欣欣向榮的時代，文人最崇尚的年代，時光穿梭機會大塞車的年代！

《活在大宋》以各式各樣鮮活之歷史專題，深入介紹這個富饒美麗的文明，從食、衣、住、行至文藝娛樂，無一不品，讀者可將自身代入時空旅人，一窺宮闈華麗生活下之祕辛，或假想轉生成平民百姓，全方位地觀察、體會活在當代一流大都市之樂趣。

例如宋朝戶籍制度流通開放，即便投胎在雞不生蛋的鄉下，亦能透過經商、應試、出差、求職等方式，至輕歌漫舞幾時休的汴梁居住工作，一年期滿，即在當地落戶，化身天龍國人，當然有戶在蛋黃區無貸款的高門大戶帝寶更好，屆時騎寶馬、乘坐轎，風頭一時無兩，比開藍寶堅尼更風光。

在經濟昌盛的宋代就業法子多，賺錢機會也不少，首先歡迎你報名大宋公職補習班，宋朝公務員選考限制少，百歲人瑞能報考；社會地位高、一朝中舉人人稱羨；工資福利好，不僅有糧食、衣料各類額外收入和補助，還有大大小小的節日和帶薪假，足夠你一年出國兩次遊，玩樂不忘上工，才能拒絕賄絡引誘，專心為朝廷工作。即日起街頭巷尾揪團報，最高折扣可抵三貫錢，現在報名便送金廢帝完顏亮畫像一禎，鼓勵考生臨陣磨槍不亮也光。

不擅讀書，有一技傍身也能闖天下，宋代商業繁榮興盛，瓷器、冶煉、釀酒、造紙、印刷，百業欣欣向榮，汴梁日夜車水馬龍，餐飲服務業可投入東京城七十二家五星級大酒店，專營官酒販賣，夜夜笙歌不知醉。攢夠了資本，便加盟最著名的白礬樓酒店，全盛時期共有三千家加盟腳店，比五十嵐還多駐點，不妨試著激發創意開發品項，推出酒家新招牌——酒麴加粉圓（結果馬上倒店）。

錢賺多不怕沒處花，出遊可逛山水、觀園林、參寺廟，穿有羅裙、百褶裙，趕上裙，頭戴金銀掐絲珍珠冠，身圍紋理如玉通天犀角帶，渴了淺酌蒲中酒、蘇合香，薔薇露，餓了細嚐軟羊麵、私雞麵、炒鱔麵，飯後再來些梨圈、李子旋、林檎乾甜甜嘴。

哎喲客官白銀萬兩，要求食精膾細，小店還不先端出只取羊頭兩腮嫩肉的羊頭簽，再上盤肉慾橫流吃珍稀的雙下駝峰角子和雪天牛尾狸，收尾吃風雅則來碗農曆十月割下初綻梅花，在蜜罐中細細封存，隔年夏天才取熱湯泡製的湯綻梅，舌尖上的大宋是五感交織的狂歡饗宴。若仍嘴饞，請至書中一覽，玉盤珍饈、雕欄畫棟、歌舞百戲盡在此書，為你濃縮整整三百年，繁華璀璨的驚喜。

暢銷書人氣作家 螺螄拜恩

前言

生活這種事，放在任何時代都差不多，無非是衣食住行這幾項。咱們今天有幸生活在一個技術進步、科學昌明的時代，享受著現代科技帶來的種種便利，以及先進文明社會提供的古人難以想像的物質生活。不過現代生活也有煩惱，古人也有讓我們羨慕的活法。

就拿大宋朝來說，那是中國幾千年歷史中較為富庶文明、輝煌燦爛的時代之一。活在大宋，無論穿衣吃飯、睡覺出門，都有著封建時代少有的舒適和便利，而且宋代人們生活的方方面面也特別豐富多彩，可以說是別有一番風味。別看宋朝國力不那麼強盛，疆土也不那麼廣闊，但那時候富庶啊！今天很多人都知道，當時中國GDP世界第一，比世界所有其他國家加起來的總和還要多，北宋東京、南宋臨安都是世界一流的大都會，人口超過百萬，能生活在這兩座大都市那叫一個幸福！

想認識幸福的宋朝人是什麼樣子？跟著本書體驗和感悟一下：你可以從一些常識出發，學習學習活在大宋的基本規矩和簡單知識；可以漫遊大宋政壇、深入大宋宮廷，瞭解大宋官員的生存狀態，探祕皇室成員和皇家群體的生活八卦；可以全方位、多角度地觀察和體會大宋商業社會的繁榮和發達；你還有機會近距離透視大宋朝半邊天——女性群體的私密生活。

當然啦，來到大宋，怎能不品味一下舌尖上的大宋風華，又怎能不觀賞享受一番精彩紛呈的大宋文藝娛樂呢？大宋是美食王朝，在這裡既能品嘗到各種風味小吃，也有機會吃一頓豪華盛宴；大宋也是文化之邦，光是一個百戲就稱得上盛況空前；更有接地氣的瓦子和勾欄，肯定讓你目不暇接。

不過話說回來，這本書不是生存指南，也不是生活教程，就是講點活在大宋的新鮮事、稀奇事。所以別指望看了這本書就能對宋人的生活瞭若指掌，更別認定這是大宋生活百科全書，有了它就可以成為大宋百事通，走遍大宋都不怕。實際上，你也就是透過這本書對活在大宋的人們有個大概的瞭解，那也就足夠了。

最後還得說兩句：大宋朝生活再怎麼令人羨慕那也是大宋朝，我們也去不了。何況宋代普通人活得好像挺休閒，官員們日子也很滋潤。但那也就是「好像」，在當時「活在大宋」已經有很大的差距，和今天更是沒法比。畢竟，今天的技術和文明是那時候不可比擬的。

所以，羨慕歸羨慕，別夢想著來一次真實體驗，還是活在當下好。

目錄

第二章 重文輕武是祖訓，福利待遇太誘人

第三章 商品經濟是個寶，物質享受少不了

第四章 宮廷不是禁區，皇族也有祕聞

第五章 有歧視也有尊重，女性地位並不低

第六章　舌尖上的大宋，饕餮們的汴梁

第

一

章

衣籍住行受規範，城市治安不混亂

襆頭和褙子在宋代是流行服飾的代表嗎？
大宋的戶籍制度有多開放？
馬匹在宋代是昂貴的交通工具嗎？
平民百姓的家宅怎麼修才不逾制？
不是每個人都熟悉大宋朝的服飾、戶籍、居住和出行，
我們來告訴你那些應該瞭解的宋代常識。

一 穿戴這種事要從頭講起
——汴梁衣著時尚指南

大宋朝從建國到滅亡，前後歷時三百多年，在這條不算短的歷史階段裡，宋代百姓整體上還算過著一種幸福的生活。這是一個物質豐富的時代，也是文化發展的時代。大宋朝正是漢服大發展的一個時期。下面為大家詳細介紹宋人的漢服發展歷程，並講述宋人服飾中最重要、最有特色的幾種，讓大家認識一下宋人的服飾審美觀，知道他們都穿戴成何種樣子。當然啦，穿戴這種事，還要「從頭說起」。

誰讓烏紗帽插上了翅膀？

「上朝啦！」這是平常的一天，不是年節，不是法定假日，不是皇帝的千秋壽誕，也沒有重大活動。一大清早，睡眼惺忪的官員們正聚在文明殿（後改名文德殿）前等著覲見皇帝。這時候，他們一排排、一隊隊湧入文明殿，班分文武、位列尊卑地站到了大殿內皇帝的御座階前。

「嗡嗡，嗡嗡嗡……」殿中傳來一陣陣竊竊私語聲，其實這只是官員們正在例行每天早上的「公事」——傳播八卦、交流心得。大宋皇帝這時候走了出來，升上御座。下面的聲音低了下來，暫時安靜了。但是沒隔多久，嘰嘰喳喳的聲音又響起來，讓皇帝直皺眉頭，恨不得伸手去捂住額頭。現在他的手中要是有一根金箍棒，恐怕就要一棒子打過去了。不過不行，他手中沒有棒子，也不能把文武百官全都打死。「得想個辦法才行！」皇帝望著臺階下大臣們個個搖頭晃腦，頭上烏紗帽旁邊的兩根硬翅微微擺動，心中有了主意。

幾天後，大宋官員全體更換官帽——也就是他們平日上朝戴的烏紗帽。新官帽發下來，大家一陣驚奇：帽子還是黑紗做的，內襯了骨架，黑紗塗了漆，顯得很硬挺。但帽子兩邊的硬翅卻變成了向外平伸展開，而且足足有兩尺長，活像兩隻翅膀！

「這是最新流行款式？」

「難道又要有什麼新政策了？」

大家紛紛猜測著。

又上朝了。皇帝高坐在御座上，心裡樂開了花。他看到大臣們小心翼翼地保持著距離，生怕帽子探出的硬翅相互碰撞。那位大概有點憋不住了，轉頭想對旁邊的人爆料點最新八卦，誰知硬翅立刻顫動起來，在人群中顯得異常扎眼，嚇得他趕忙規規矩矩站好。

「陛下聖明！」大臣們當然已經明白了新官帽的作用，忙大拍馬屁。坐在御座上的皇帝心中也是一陣得意。這烏紗帽其實從東晉時就有，開始時兩邊只有垂下的紗布軟腳，後來才變成金屬絲框的硬翅。再後來隋文帝楊堅給它做了一次形象代言，率先戴上了烏紗帽，讓它一下子身分倍增，成了官場流行的款式。到了唐太宗李世民繼位，更是大力提倡，要求「自今以後，天子服烏紗帽，百官士庶皆同服之」。現在新皇帝正式把它定為官帽，並因為做了一點小小的改良，從此杜絕了百官上朝時交頭接耳的現象。這也算是一點新貢獻吧！

那麼這位給烏紗帽插上翅膀的皇帝是誰？他就是宋太祖趙匡胤。當然，前面的情節只是虛擬一下，讓您容易理解當時的情景。不過您現在是不是能想像出大宋官員們頭戴平翅烏紗帽的樣子了？至於宋朝男子的其他首服（頭上戴的服飾），還有帝王官員專用禮帽冕和冠，以及普通的曲腳、交腳襆頭（又稱折上巾）和幅巾，就不多說了。

中單穿在外，那就叫褙子

現在，您可以繼續發揮想像：早朝結束，出了皇宮，穿大街走小巷，放眼望去，街市的繁華已經讓您的眼睛不夠用了，男男女女的穿著打扮更是目不暇接。看著看著，您可能發現一個有趣的現象：這些走在街上的男男女女只要是有點身分，大都穿著一種類似的衣服——寬袍、大袖、對襟、長裾（衣襟），不過衣服的兩邊從腋下開始就沒有縫合，而是敞開著，像後來旗袍的分岔。只是這分岔兩邊都有，而且高得嚇人。

其實，這衣服叫「褙子」，不僅官員和平民百姓穿，皇帝也穿。剛退朝，皇帝回後宮換了便服，也會在外面套一件褙子。而且不僅男人穿，女人也穿，還穿得更有特色。

說起這種褙子，宋朝時候最流行，後來明朝時也穿。但褙子的名稱是很早就有了的。根據《古今圖書集成．禮儀典．衣服部》的記載，秦二世曾經下令讓官員們在上朝穿的官服外套上褙子，那是一種袖子較短而寬大，長度和衫子差不多的衣服。後來在隋朝和唐朝的宮中也有褙子流行，那褙子的袖子只有半臂長，有點像今天的半袖襯衫。到了宋朝，褙子的袖子加長，女性穿的比裡面的袍服衫襖袖子還要長，而且衣裾也越來越長，蓋到了腳上。

關於褙子這個名稱的來歷，宋代人還有一種說法：其實褙子就是婢子。因為這東西最早是給身分低下的下人穿的。婢子身分低下，常常站在主人的身後，所以這東西就有了個名字，叫背子，也作褙子。其實，褙子在宋朝時是中單（套在內衣外面，衫袍裡面的衣服叫作中單，相當於襯衣）演變而來，穿在外面，就成了褙子。

整個宋朝褙子都是上下風靡、男女通用的時裝，不少文獻對它有所記載，《宋史・輿服志》甚至把它規定為「女子在室」（未嫁女）和「眾妾」的常禮服。不過在北宋末年，褙子還背負了一項罪名，成了亡國的象徵呢。

原來，褙子前面用對襟，不用衿紐——就是不用帶子或者紐扣繫住，叫作「不制衿」。然後巧合就來了：北宋亡於金，金、衿同音，「不制衿」豈非就是「不治金」？於是乎褙子的罪過大了——大宋要不是從上到下不分男女都穿褙子，怎麼會被金國滅亡？於是乎褙子就被定下了罪名，叫作「服妖」，就是說穿著妖異。而且根據古代人的見解，凡是有人穿了奇裝異服的時候，就一定預示著有不祥的事情要發生！

不過，背負了亡國之罪的不光有「不制衿」，還有「一年景」。「一年景」也是北宋末年流行的，裝飾在頭上和衣服上的飾物花樣，代表了一年四季。然而這個名目又出錯了，因為宋徽宗趙佶禪位給宋欽宗，這個倒楣的北宋末帝僅僅當了一年多皇帝，金兵就攻入了東京汴梁（今河南開封），北宋也隨之滅亡。「一年景」「一年景」，宋欽宗果然只有一年的好光景。這「一年景」豈非罪大惡極？

關於內衣的那些小事

前面提到褙子是由中單演變而來，原來其實是襯衣，屬於夾在外套和內衣中間的衣物。古人脫掉外套的衫袍，除去中單，再往裡就是內衣了。不過這次實在是不好讓您想像，因為以下內容已經屬於隱私，是不能隨便窺探的了。但這種事放在今天其實已經很開放，商場裡什麼看不到？雖然宋人比較保守，而且要講禮儀道德，不過咱就是作為學術研究討論一下，大概也不算為過。

說到內衣，宋人上身貼身穿著的主要有兩種：一種是抹胸，一種是裹肚。

抹胸其實相當於現代的胸罩或者文胸，英文叫作Bra。宋代以前，唐朝的女性很開放，穿的都是酥胸半露的低胸裙裝，裝束雙乳則用一種不繫帶的訶子，傳說是唐代楊貴妃發明出來的。不過楊貴妃之前的女人並非袒胸露乳，也有更古老的「胸罩」可以用，所以這個說法並不可靠。到了宋代，人們越來越講究道德理學，女性也越來越受束縛，唐式性感低胸裝已經不時髦，而女人別說酥胸，就連頸項都不能多暴露出一點，否則就是不守婦道，近於淫蕩無恥了。因此，才有了抹胸。

抹胸其實就是一種胸間貼身小衣，一般以方尺之布製成。宋代抹胸穿著後「上可覆乳，下可遮肚」，緊束前胸，以防風之侵入。宋代不僅女子，男人也有戴抹胸的。一九七五年在江蘇常州金壇區發現的南宋太學生周瑀墓中的抹胸實物，已經證實了這一點。這說明什麼？宋人戴抹胸不單是為了美，而且可以保暖，要不然我們實在想不出一個大男人為什麼要戴抹胸。裹肚和抹胸類似，也是一塊布，不過要小一些，主要用來裹住肚腹。後來清朝時女人和小孩用肚兜，大概就是從抹胸和裹肚發展出來的。

宋人下身的內衣，尤其是有地位的女性，主要是開襠褲。為什麼呢？因為勞動婦女為了行動和幹活方便，會把褲子穿在裙子外面，而這種褲子都算是外衣，而且只能是合襠，不然就要露出大腿來了。但皇家、貴族和大戶人家的女性要講究禮儀，褲子外面穿著裙子。但是那種裙子本身就很複雜，穿脫麻煩，外面可能還有上身垂下的褙子、袍服之類的東西，要想穿脫一次可不容易。但女人也要上廁所，這可是誰都沒辦法的事情。於是乎整個宋朝期間，女子都只能穿開襠褲，讓下身自由一些，免得出醜了。

不過也有女性下身連開襠褲都不穿，只穿一件旋裙（這是一種前後開衩，便於騎乘驢馬之類交通工具的裙裝）。最早興起穿這種裙裝的是京城汴梁的妓女，所以這穿法自然也就被認為是下賤的了。記載這件事的北宋文人江休復就在他的《江鄰幾雜誌》中痛罵那些效仿妓女的女性「曾不知羞恥如此」——簡直太不要臉面了！

禁而不絕的那些風尚

哲人說過，女人對美的追求有著無限的動力。女性追求美可以不顧一切，別說江休復之流罵的「羞恥」，就連國家的禁令都可以視若無物，更不要提什麼「胡漢之別」了。所以別以為大宋是理學時代，是一個講究禮儀道德的時期，一切就都會在規範的制度之內，絕不會越過雷池一步，那您也太小瞧宋人，尤其是宋代的女性了。

一篇《宋史·輿服志》提到「士庶人輿服之制」的只有短短三千餘字，其中絕大部分是各種禁令，而且主要是針對女性的：不許穿這個，不許戴那個，不許用金玉，不許學宮廷和外國……等等，那叫一個細緻周密。但是您想想，為什麼會有這些禁令呢？因為屢禁不絕啊！

例如，宋仁宗皇祐元年（一〇四九）有一道禁令，內容是「詔婦人冠高毋得逾四寸，廣毋得逾尺，梳長毋得逾四寸，仍禁以角為之。」這裡說的「冠」和「梳」構成了宋代女性最靚麗的一道頭飾風景——冠梳。冠梳本來是宮廷樣式，用漆紗、金銀、珠玉做成高冠，高高地戴在頭頂，上面插著長長的白犀牛角梳子，還有各種飾物，宋人以為美觀。這種頭飾雖然深藏在深宮，但還是慢慢傳了出來，並且立刻引起貴族女性的跟風效仿，風靡程度一點不亞於今天的年度時裝展。

宋徽宗政和七年（一一一七）還有一道禁令，禁止女性穿釣墩——一種類似今天女孩子穿的褲襪的東西，並且有違犯者，「以違御筆論」——就是犯了大不敬之罪，恐怕要掉腦袋了。這個罪名不小，而且很嚇人。

為什麼會這樣呢？您一定猜到了，是宋代女性穿褲襪太猖獗了的緣故。

但是釣墩到底是什麼？為什麼要嚴厲禁止？因為這是一種契丹服，也就是北宋前期以至中期最大的敵人遼國的衣服樣式。這還了得？簡直是大逆不道！不過實際上當時民間的宋人已經深受契丹服飾的影響，就連那些讀著聖賢之書的士人們，穿的袍子袖口都越來越窄，靴子也越來越長，完全是「胡服」的樣子了。就在同一條禁令中，氈笠——契丹式的帽子也在禁止之列，可見當時不僅女性，男人們也都「崇洋媚外」，不顧道德理學，成了「哈遼一族」啦。

長知識——大宋的「石榴裙」

京劇《穆桂英掛帥》中有這樣一段經典唱腔：「想當年桃花馬上威風凜凜，敵血飛濺石榴裙……」別懷疑京劇大師們的劇本創作能力，穆大帥身著石榴裙，那是標準的宋代婦女時尚風格。俗話說的男人被美色所征服，便稱為「拜倒在石榴裙下」。

二 遷徙很自由，城鄉分戶口

——戶籍制度很開放

穿一身大宋服裝，操一口大宋腔調，你覺得自己也挺像個大宋成功人士了。但是想想上學落戶、旅遊出差、尋親訪友等一連串問題，不禁又有點疑慮——大宋朝的生活真就那麼好嗎？要是一旦成了黑戶，或者被困死在窮鄉僻壤，連個小縣城都去不成，不是到處被通緝就是出不了門，那又有什麼意思，又怎麼體驗大宋的幸福生活？

沒關係，大宋朝是一個戶籍自由和開放的年代，你的擔心基本不會成為事實。任何人只要薄有資產或者一技傍身，就能在大宋境內來去自由。

◎一份大宋戶口本

話說你現在已經是一位光榮的大宋子民啦！不過很可惜，你並沒有生在天子腳下、繁華帝都，而是常住廬陵永豐（今江西吉安市永豐縣）鄉間，和那位著名的「醉翁」歐陽修是同鄉。至於尊號嘛，就叫錢百萬好了。

這天早上你剛起來不久，戶長（宋代負責課督賦稅的基層小吏）就來了。你迎出去一問，原來是「人口普查」，連忙叫家人到後房把戶帖拿來，並親自展開，拿給戶長看。戶帖就是你家的「戶口本」，而且也是「田產證」、「不動產證」、「納稅證」、「服役證」，說穿了就是你家為大宋朝貢獻了多少人口、該交多少稅賦、應盡多少義務的證明。

只見上面記載著：

主戶一戶錢百萬　吉州廬陵郡永豐縣某鄉某村中戶　計家五口

本身　錢百萬　年四十五　丁

叔父　錢大款　年六十五　老

長子　錢富帥　年二十一　丁

次子　錢巨多　年一十四　小

三子　錢土豪　年一歲　黃
家有良田百畝、莊院一座、房舍十間　牛、豕、鵝、鴨各若干
元豐元年某月日

戶長詳細地對照了一下，又問了幾句你的叔父還在不在，身體是否康健，有沒有添丁進口的話，就起身告辭，「人口普查」算是結束了。不過這時你可能要問了：這就是我家戶口本？上面怎麼還記著田地、莊院、房屋，甚至連豬牛鴨鵝都有？那些丁、老、小、黃又是怎麼回事？

其實，戶帖是宋朝百姓一家的身分、財產紀錄和證明，由自家保存，就像今天的戶口名簿。不過，它上面不僅記錄著丁口，還有你家的土地財產，作為一家納稅、服役的依據。像你這樣雖然並不是真的家財百萬，但算有百畝左右田地的，就算是中等戶了（宋朝有五等戶，一、二等是上戶，三等為中戶，四、五等就是下戶了）。當然實際的戶帖格式更複雜，對一家的財產記錄得更詳細，就連田地的位置邊界、房屋的坐落占地都記得清清楚楚，所以也相當於今天的房產證和土地證。

至於丁、老、小、黃則表示的是年齡段。宋朝規定三歲以下為黃，十五以下為小，二十以下為中，二十一至六十為丁，六十以上為老。你和你的大兒子屬於丁，正

在服役的年齡。政府如果攤派個修橋鋪路之類的任務，兩位就得扛起鍬鎬上陣。

也許你會問，怎麼老婆和女兒沒在戶口本上？實在對不起，大宋朝從太祖皇帝開始就規定，女人不用上戶口！

城市人和鄉下人

送走了戶長，你坐在屋裡發呆，覺得生活真是無聊，心裡想著：為什麼不到東京汴梁去見識見識呢？心動不如行動，說走就走。你想起在東京還有一個遠房親戚，對，就去找他！

說話間已經來到北宋都城汴梁，坐在了遠房親戚孫洪福面前。

一番寒暄之後，你又吃了個酒足飯飽，這才和主人說明來意：你想在京城住上一段日子，一方面感受感受京都文化，另一方面也順便做點小生意。沒問題，孫洪福拍起了胸脯。不過他也立刻派人去請來了廂吏（城市裡派出所的幹部），向人家彙報家裡來了外來人口，並且準備臨時居住。廂吏一邊聽著，一邊鄭重地做了記錄，把你的姓名、年齡、籍貫填在孫洪福家的戶帖上，這才離去。

你傻頭傻腦地見證了整個過程，也回答了廂吏的問題。心裡感慨著：這京城就是不一樣，規矩就是多！主人看你不說不笑，忙解釋道：「你這不是要在我家住嘛，那麼就算臨時人口。暫住證倒是不用辦，但臨時人口登記那是必須的。等你啥時候要走了，還得去註銷臨時戶口呢。」你一聽就明白了，而且心裡一陣羨慕：「老孫啊老孫，真有你的，都混上京城戶口了。」老孫打著哈哈說：「可不是，這城市戶口和鄉下戶口就是不一樣。如今，咱也是坊郭戶啦！」

接下來，經過老孫一番解釋，你總算全明白了。你家那戶帖上雖然沒明著寫，但你也就是個鄉村戶，說穿了就是農業戶口。但老孫可就不一樣了，人家那叫坊郭戶，身分都不同，屬於城裡人了。老孫這些年做生意賺了不少錢，又是買房置地又是擴門面開分號，在坊郭戶中也算五等上戶，和那些貧賤的五等下戶不同。坊郭戶是新生事物，宋代以前還沒有。因此，正是從宋朝開始，中國人有了城市戶口和農村戶口的差別。

當然，老孫也沒啥驕傲的，他跟那些權勢更大、財富更多的上戶——包括富有的官戶和大地主相比還差得遠，與形勢戶（其中也包含官戶，但土地財產較少，還有無品的小吏以及鄉役戶）也沒法攀比，人家有特權不說，還不用服役。

除了官戶和形勢戶，大宋特殊的戶口還有兵籍（禁軍和廂軍這些職業雇傭兵）、寺觀戶（和尚道士尼姑們）以及雜戶（各種工匠等專業技術人員和管家、僕役、保姆之類）。這些戶籍都是按照職業劃分的，和財產關係不大。不過在這些特殊的戶籍之外，無論鄉村戶還是坊郭戶中都有主戶和客戶之分。你和老孫都有點土地或產業，屬於主戶。那些租種你家農田或者給老孫這樣的城裡人幫工的就是客戶。

不管怎麼說，你和老孫活得還算滋潤，比上不足、比下有餘。

期滿可落戶，回鄉受鼓勵

你在東京城瀟灑自在了一陣子，覺得這天子腳下、繁華帝都真是個好地方，稱得上人間天堂，於是樂不思蜀，再也不願回到那個窮鄉僻壤去了。但長久吃住在親戚家實在不方便，而且這樣坐吃山空也不是辦法。你心裡這麼一合計，一邊托人送信，讓家裡人把這些年的積蓄都送來，準備買房置地做生意，以後在京城落戶，一邊請來遠親孫洪福，向他諮詢在東京安家落戶的相關政策。

老孫聽了你的想法很高興，而且很負責任地告訴你，安家落戶一點都不難。大宋政府早有規定：居作一年，即聽附籍。也就是說你在任何地方居住工作一年期滿，就可以在當地落戶口，變成正式居民。這條政策全大宋朝通用，東京汴梁也不例外。你一聽來了精神，連忙又問：不會要交移民投資贊助費之類的吧？是不是有錢人買了房才可以落戶口呢？老孫連連搖頭：「怎麼會？咱大宋這自由遷徙政策適用於全體大宋子民，絕無貧富等級之分，公平得很！」

再聽老孫解釋下去，你明白了，原來這「居作一年，即聽附籍」的政策最主要是為了解決對「流民」的管理而制定的。流民，也就是流動的人口。就像東京汴梁，不僅有你這樣前來觀光遊玩的遊客，還有來自全國各地四面八方的各色人等：經商的、應試的、做官的、出差的，當然，還有進京謀生的、求發展的，以及流落在這裡無法回鄉的。這些人，尤其是後面幾種構成了流民的主要成分。他們離鄉去家、轉涉四方，給戶籍管理和徵收稅賦、攤派徭役等工作帶來了巨大的不便，而且很容易造成社會治安問題、激起變亂。不過大宋朝皇帝能夠順應時勢，因此制定了這條人性化政策，給大宋國境內的老百姓充分的遷徙自由。

長知識——異地能「高考」，不得占「指標」

從遷徙權利來看，大宋朝算得上是一個自由的時代。但是遷移落戶不僅僅涉及納稅服役，還關係著生活的很多方面，比如科舉考試。

在大宋朝，科舉考試這種決定人生命運的「高考」，也要按地區報名參考。如果離家千里，來不及趕回去，很可能就會與三年一度的「高考」失之交臂。不過請放心，大宋規定：要是在京城住久了，離家又遠，可以透過本鄉官員的擔保，在國子監參加考試。當然了，科舉取士按地區劃分，每個地區都有固定的錄取名額，叫作「解額」。在東京城參加考試可以，但想占京城地區的名額可不容易。根據大宋的規定：只有取得京城戶口並實際居住七年以上，或者有京城田產，才能擁有當地考生資格，占一份東京解額。

三 一場解放膝蓋、拯救屁股的革命

——桌椅坐具進化史

現代人講究休閒舒適，光一個坐姿，就有靠坐、仰坐、倚著桌子坐、半仰半臥地坐，或是盤膝而坐、抱膝而坐……但現在的人很少會雙膝著地跪坐了，因為那姿勢實在太累。然而在中國古時候，一直到宋代以前，大多數人都是跪坐的。

人們要解放膝蓋，讓「坐」不再是一種痛苦，至少需要來到大宋，當然最好是南宋——到這一時期，絕大多數人終於可以「垂足而坐」了。而這種變化，需要感謝從胡床開始的傢俱，尤其是坐具的革命。

跪累了就伸伸腿

你想親身體驗古人最正確的坐姿嗎？想深刻感受中國古代禮儀文化中的「坐禮」嗎？首先，你需要雙足並立，再屈膝，慢慢下蹲，以兩膝蓋著地，小腿向後平伸，接著身體向下，臀部壓在腳跟上，將整個軀體的重量放在上面，最後挺起腰背，抬頭平視，雙手自然垂下或者抱在胸前。好啦，大功告成，你已經完成了跪坐的基本姿勢。

你或許會覺得這一點都不難，也不辛苦，別急，堅持一會兒。要知道這可是「坐」，人們坐下來進行的活動有很多，比如讀書、喝茶、吃飯。就說吃飯吧，至少要個十幾二十分鐘，如果是正式的宴席，幾個鐘頭也是可能的。所以你慢慢「坐」，不要心急，不然怎麼感受和體驗呢？停停停，別動。你瞧瞧，這才幾分鐘就堅持不住了？當然知道你現在膝蓋生疼，腿肚子轉筋，而且腰背挺得有點痠，但你要知道，咱們的老祖宗可是這樣一坐就是幾千年，而且只要是正式場合，需要講究禮儀的時候更是只能這樣跪坐著，每次跪半個鐘頭、一兩個小時，甚至小半天都稀鬆平常。

當然啦，要是實在累了，稍微伸伸腰還是可以的。現在，慢慢抬起臀部，讓它離開腳後跟，將身體挺直，把全身的重量都放在兩隻膝蓋上。這樣是不是好一點？至少換換姿勢也能稍稍舒服一點嘛。對了，這個姿勢叫「跽」，也是古人跪坐的一種。有一個詞叫「長跪不起」，跽就是長跪，姿勢是一樣的。

你覺得還是受不了，說什麼也不體驗這古人傳統的「正坐」了。也難怪，說實話，古人自己也不喜歡這種「正坐」，但卻偏偏規定這是最符合禮儀的坐法，只有尊長在卑下者面前可以不用這麼坐，而是舒舒服服地將腿盤坐在那裡。但其實盤坐也沒有那麼舒服，時間長了還是會腰痠腿麻腳抽筋。不過別擔心，你不用繼續體驗盤坐，先伸伸腿，很快就可以更舒服地垂下雙足，讓尊臀去負擔坐下時身體的重量了。

席子、床榻太矮，換胡床試試

要想坐下時雙腿可以下垂，尊臀總得離地面有些距離才行。然而這在古時候是做不到的。為什麼呢？那時候古人都是「席地而坐」，就是在地上鋪一張席子，然後坐在席子上。席子緊挨著地面，雙腿當然也就無處可垂，只好壓在身子下面，或者盤起來了。

古人的「席」有竹編的筵和蒲草編的席，連在一起就是「筵席」。古人吃飯就坐在筵和席上，所以筵席就是宴席。但不管宴席多麼誘人、席上的肴饌多麼美味，跪坐在席子上又累又辛苦不說，席子下面還可能又冷又濕又硬，讓人一百個不舒服，哪還顧得上品嘗美食？所以你一門心思想著，怎麼樣才能離可惡的地面遠一點。

人的創造力是無窮的，辦法總是會有的。席子只能直接鋪在地上，但如果給它做個框、墊層板、加上腿，不就可以離開地面了嗎？於是，這樣的東西就產生了，那就是床和榻。但在那時候，無論床還是榻的腿都很短，稍微抬抬腳就可以邁上去，而且它們的主要功能是供人坐在上面而不是躺臥。所以古人很多時候說到「床」其實都不是今天的床，而是坐具。例如著名的「東床快婿」故事中說，東晉大將郗鑒聽說王導家的子侄個個英俊瀟灑、出類拔萃，就跑去給他的女兒挑老公。王導很大方，讓郗鑒的門人到東邊廂房隨便挑。門人去了一看，王家的子侄們早得到消息，一個個裝模作樣地擺起了造型，唯獨有一個人袒露肚腹在東邊床上吃東西，一副滿不在乎的樣子。門人回來一說，郗鑒樂了：「這正是我的好女婿呀！」後來就把自己的女兒嫁給了這個搞行為藝術的傢伙。

此人正是大書法家王羲之。但他可不是躺在床上——東廂房是王家的書房，供子侄們讀書的地方，當然不會放一張席夢思大床。所以王羲之坐的「床」應該是坐具。

不過早期床榻的腿還是太短，坐在上面是沒辦法將雙腿自然垂下的，只能斜斜地搭在地上或者兩腿交叉。所以那時人坐在床榻上還是跪坐，不那麼正式的場合或者為了顯示身分，可以盤坐。

像王羲之，估計當時就是盤坐著的，而且嘴裡在吃東西。吃什麼呢？胡餅。胡餅有點像饟，是從北方胡人那裡傳來的。胡人還帶來很多東西，也給了漢人許多啟發，這其中就有胡床。胡床也不是床，而是坐具。它的四條腿兩兩交叉，用軸連接，上端用繩子交叉成網，展開形成平面，可以供人坐在上面。這其實就是今天的折疊凳，明清稱為「馬紮」，又叫「交杌」。王羲之那個時代其實已經有了胡床，所以王羲之當時坦腹吃著胡餅坐的，也可能是胡床。

因為胡床比當時漢人的床榻要高，所以人坐在上面雙腿已經可以自然下垂了，人們終於可以坐得比較舒服，不會覺得「坐」是一種痛苦了。但是從漢朝時胡床傳入開始一直到隋唐，這種先進的坐具也沒有得到官方認可，形成主流。原因很簡單，不合禮制。唐朝時胡床雖然開始在宮廷和上流社會流行，但也沒有普及。胡床真正普及和由此引起的坐具乃至傢俱的革命，要等到大宋。

太師椅非交椅

終於到了大宋，胡床更加流行。不僅如此，受胡床啟發，符合人們享受坐姿需求的各種高腳坐具和傢俱也漸漸普及。大約在南宋時候，人們基本告別了「席地而坐」，邁進「垂足而坐」的新時代了。這時候的坐具有椅子、凳子和墩子，其中光是椅子就有靠背椅、扶手椅、交椅、圈椅等種類。

椅子，在宋朝或者在開始出現的唐朝更多人叫它「倚子」。倚是倚靠，所以「倚子」和其他坐具最大的區別在於它有靠背，不單能坐，還能讓人倚靠。

那麼「椅」又是什麼東西呢？其實「椅」是一種樹，叫作「椅樹」。北宋的婉約派詞人秦觀寫過一組詩，叫作《次韻邢敦夫秋懷》，其中一首有句「果欲鳴鳳至，還當種椅梧」。要引來鳳凰，就要種下椅樹和梧桐樹。如果說種下椅子，就有些莫名其妙了。

宋朝的椅子已經有這麼多種，靠背椅、扶手椅都很容易理解，交椅你也聽說過——英雄好漢上了梁山，總要先排下座次，分出坐第幾把交椅。但這交椅到底是什麼東西呢？說穿了就是改良版的胡床，即增高加靠背甚至扶手，在現代可稱之為折疊椅的東西。胡床可以折疊，攜帶方便；交椅同樣可折疊攜帶方便，而且還能倚靠，功能強大了不少。交椅之中，有一種在宋朝被稱為「太師椅」，是在交椅的靠背上又加了一個荷葉樣式的托首，讓腦袋可以靠在上面，人就能坐在那裡打瞌睡了。這種交椅之所以稱為太師椅，傳說秦檜當權的時候，有一次坐在交椅上打瞌睡，結果官帽墜地，大出洋相。一位下屬官員為了奉承這位當朝太師，忙趕制了一批荷葉托首，給宰相大官們裝在交椅上，因此才有了這項發明，這種交椅也被稱為太師椅。

後世的太師椅逐漸跳出了交椅的家族。比如在明清，太師椅其實分別指靠背椅和扶手椅，根本不是可以折疊的交椅了。

至於凳子和墩子，也都是隨著「垂足而坐」興起而發展起來的坐具。宋代的凳子有長凳、方凳、圓凳和月牙凳等形狀，墩子也有古墩、圓墩、方墩的不同，而且還有繡墩、藤墩這樣特別材料製成的墩子。

高桌圍坐，不再分餐

坐具高了，配套的用具也要相應升高。原來席地而坐的時代，大家坐下來喝茶吃飯或是辦公，前面放的是案或几，而且各人分席而坐，几案也是自己用自己的。既然是席地，几案就不需要高，矮墩墩地放在身前，根據用途不同放置不同的東西即可，實在累了還可以靠在上面。但現在大家越坐越高，再彎腰伏下身子去取用矮几、低案上的東西就不方便，更何況有時古人要彈彈琴或做學問、看看書，這些裝備就更顯得與新款坐具不相容了。於是乎更具實用價值的傢俱——桌子，開始大行其道了。

作為現代人，桌子誰都見過：下面四條腿，在靠近桌面邊緣的地方支撐著桌面；

桌腿與桌面基本呈垂直狀態。當然，桌腿要高，以便和椅子配合，供人成套使用。還有炕桌、地桌，是供人在炕上和地上盤坐或坐在小凳上使用的，桌腿就短一些，屬於低桌。

宋代的桌子種類已經很多，按功能分類就有琴桌、棋桌、書桌、畫桌、茶桌、酒桌以及供桌、經桌等。這麼多種類的桌子各司其職，大多有專門用途。其中最值得一提的是餐桌，也就是吃飯的桌子。因為在宋代，正是由於高足桌椅的出現，發生了一件大事：大家不再一人佔據一個小食案，以非常講究而又衛生的方式單獨進餐；而是圍坐在一張高大的桌子前，共同享用公共餐盤中的食物。用一句簡單的話說，就是宋代人漸漸放棄了分餐制，開始合餐，也就是會食了。

為什麼有了桌子大家就要合餐而不是分餐了呢？這恐怕和案、几通常不會太大，而桌子容易製成寬大的形狀，便於人們圍坐在旁邊有關。既然垂足坐在椅子上方便又舒服，而且打造一張大桌子容易又省料，大家為什麼不聚在一起，熱熱鬧鬧地吃喝呢？

長知識——坐椅子的「規範」

椅子作為坐具革命的代表產物，在宋代有了更為豐富的種類，靠背椅、扶手椅、交椅、圈椅、連椅等分別問世。不過，儘管椅子作為一種坐具已經被宋人所接受，但如何使用它宋人還有著自己的「規範」：非廳堂不設，婦女居所不設。南宋詩人陸游就曾在他的《老學庵筆記》中記載：「往時士大夫家婦女坐椅子、杌子，則人皆譏笑其無法度……」

四 管你是人是牲口，通行證給我拿來

——出行的規矩必須懂

上次為了體驗大宋京城文化生活，你從廬陵永豐老家出發，「說話間」就到了東京汴梁。但是要知道，這「說話間」可是作者的春秋筆法。

在那個沒有汽車、輪船、飛機和高鐵的年代，一個宋人要想出趟遠門，翻山涉水、風餐露宿不說，單是通行手續和關防查驗就夠人應付的。更不要說過關有過關的麻煩，渡河有渡河的危險，每到一處還有各種複雜的規矩，一點疏忽或應對有誤，都可能把自己送進監牢甚至丟了性命。怎麼能說在大宋出行毫無壓力，「說話間」就到了呢？

請為自己和隨行馬匹貨物申請公驗

話說在大宋朝，大家都還沒有身分證。一個人要出行，山高水遠到另外一個地方去，在當地人生地不熟的，人家誰知道你這位外鄉人貴姓，有沒有作奸犯科，是不是逃兵、逃犯或者無名黑戶，又會不會破壞當地的安定呢？所以為了證明你本人身世清白，同時也為了讓當地政府知道你有權利出入和經過這片土地，出具一套合法的手續就是十分必要的了。

自漢唐以來，尤其是大唐，老百姓出門要有一種叫作「過所」的東西，相當於通行證，也就是身分證明。不過到了宋代，「過所」雖然在《宋刑統》中有記載，但事實上已經沒人使用，成為故紙堆裡的法律名詞了。以至再到南宋時，人們讀到「過所」這兩個字，甚至都不知道是什麼意思了（見洪邁《容齋四筆》）。那麼，宋代人出行要出具什麼手續（也就是說宋代通行證叫什麼），又從哪裡獲得呢？宋代通行證叫作「公驗」，又叫公憑、公據。有資格審批和發放公驗的，是出行旅客的原籍當地政府。

所以一個宋代人要想出門離開自己的家鄉，第一件事就是要到轄區的戶籍管理部門申請公驗：首先要證明自己的身分（還記得戶帖嗎？或者戶長、當地的鄉紳大戶大概也可以作證），還要說明自己出行的目的以及前往何處，途經何地，逗留幾時……等等。這還不算完，此次出行隨行的都有誰，準備帶什麼東西或者貨物，甚至騎幾匹驢馬，牽多少牲畜，也都要一一彙報。

為什麼要這麼複雜呢？證明本人身分容易理解，但帶上幾個僕役跟班也總該說清楚吧？不然其中有不屬於良民的壞分子怎麼辦？還有驢馬牲畜——要知道在宋朝這些喘氣的活物也都是財產，尤其馬匹（可用於軍事用途的戰馬）更加寶貴，怎麼能允許牽著到處亂跑呢？至於貨物就更容易理解了，買賣東西要交稅，運輸也要交稅嘛！

所以您瞧，要出門得有通行證，而且不光是人要有通行證，隨行的馬匹牲畜貨物，統統要有通行證！

出城進城有時間，可別誤了點

申請通過，公驗到手，可以出門了。公驗主要是到「關津」——交通要道和重要的江河渡口接受檢查的，但一些大的市鎮城門也會查驗，而且在任何地方查出公驗有問題都屬於違法，要受到嚴厲的懲罰：沒有公驗的判有期徒刑一年，偷渡罪加一等；冒用別人名字申請公驗的，冒名者和被冒名者都要判刑一年，就連公驗上注明的財物、馬匹、牲畜和實際情況不符，都要受到相應的處罰……看來隨身保管好公驗很重要，丟失後果很嚴重啊！而且出門一定要奉公守法講誠信，千萬別弄虛作假，更不要以身試法才行。

看到這裡，你一定覺得「一紙公驗在手，大宋任我行走」了吧？沒那麼簡單！在大宋，隨便走到哪個城市，如果不懂規矩，不瞭解人家的作息時間，都可能引起麻煩，甚至獲罪。

就以北宋都城東京汴梁為例：這座大宋朝京城每天天亮城門打開，入夜城門關閉，是制度最嚴格、把守最嚴密的城門。比如在宋神宗熙寧九年（一〇七六），東京各城門開閉時間分別是五更一點（約在深夜三點半左右）和三更一點（約在夜半十一點半左右）。也就是說在夜半十一點半到凌晨三點半這段時間城門是關閉的，不許閒人出入。而白天城門大開的時候，人們也要受到詳細的盤查——包括查通行證，搜隨身貨物等等。至於原因，是為了防範敵國奸細，也為了收稅。

城門關了不讓出入，不像現代開放性城市這麼自由。如果偷偷翻城牆，那就是刑事犯罪，在大的州府要判一年有期徒刑，即使是小縣城也要打屁股九十下，打到半死。即使城門開著，人們的行動也要受到限制，尤以官員為甚。京城的官員要出城，得彙報姓啥名誰，居何官位，奉了什麼差遣，到哪裡去公幹等情況。這些情況還要被報告到御史台和尚書省以備查考。

宋仁宗時有個宰相張士遜，年紀大了退休在家養老。一次他出城郊遊，回來時受到守城官吏盤查，老爺子感到憋屈，寫了首詩說：「閒遊靈沼送春回，關吏何須苦見猜。八十衰翁無品秩，昔曾三到鳳池來。」

他也不過發了頓牢騷，沒敢破壞制度。看人家退休人員這番遭遇，就該知道宋朝城門管理的嚴格了。而身為平民百姓，最好是奉公守法，準備好稅款和通行證。同時可千萬別誤了時間，弄得被關在城外進不去，或者鎖在城裡出不來。

過江過河要小心，私渡請慎乘

進出城市規矩多，走在路上總沒風險了吧？其實不見得。光天化日、朗朗乾坤的官道不說，走到荒郊野嶺、深山密林之中，還要提防黃泥崗、野豬林這樣的險惡地方，即使是過個江、渡個河，也得祈禱別遇到「船火兒」張橫、「混江龍」李俊一般的「車匪路霸」。

南北兩宋時期，北宋地處中原，南宋偏安江南，但都有江河湖泊、水系支流。宋人出門在外，怎能不涉江渡河呢？大宋朝的水上交通和兩岸聯繫，除了架設有橋樑的地方之外，運送商旅遊客主要靠官渡和官辦民營的渡船。不管是國有的官家渡船還是承包的私營渡船，都要受國家的統一管理，按統一標準收費，還要承擔盤查過往商旅行人的責任。總之一句話：津渡是國家的，禁止任何無組織、無紀律、無標準的私人經營行為。

皇帝不讓老百姓私人設渡船招攬生意、方便行人，當然不全是為了自己。盤查商旅以免有人攜帶違禁物品或者偷稅漏稅那是自然的，此乃國家根本利益所在，古今中外沒什麼區別。再者，防範奸細和各類打入大宋內部的西夏、遼、金細作也關係到國家安危。而最重要的，直接關係大宋百姓人身安全的一點，就是私渡不安全啊！

讀過《水滸傳》的都知道，宋江在陸地上被穆家兄弟追殺，慌不擇路之際又誤上了賊船，要不是被早有交情的「混江龍」李俊搭救，恐怕早吃了專害過往客商的「船火兒」張橫的「板刀麵」。張橫、李俊之徒的「事蹟」雖然是小說家的杜撰，但也更是當時私渡氾濫，而又讓旅客沒有一點安全感的真實寫照。

官府設立的官渡畢竟有限，而且手續繁瑣，很多地方又要買牌又要查驗貨物，還有固定營運時間。因此老百姓選擇私渡也就是圖個方便。

不過私渡亂收費不說，營運地點又往往是急流險灘——官府不設官渡、也不容易監督的地方。所以說，乘坐私渡，即便是幸運，沒遇到船匪船霸，也很可能被宰上一刀或是不幸翻了船，做個冤死鬼。

私渡很危險，乘坐需謹慎。不過官渡也未必盡如人意。大宋官渡船費不貴，有的地方才三十文錢。不過吃拿卡要一樣免不了，這一點從大宋政府一再嚴令官渡營運人員——艄公，不得「邀阻」客商，「橫索」財物，並且將這種行為定為重罪，就可以知道。

出境遊，不只是一張關引

遊遍了宋朝大好河山，是不是還想「出國」轉轉，欣賞欣賞「異域」風情？很遺憾，大宋沒有旅行社，也不開辦「出國」旅遊業務。所以想報個旅行團參加十天遼金西夏暢遊之類的，基本不可能實現。尤其在北方，大宋和周邊國家關係緊張，時不時就會開戰。如果去的時候不對，很可能國境都出不去，出去了也很危險。如果實在想要出境遊，辦法也不是沒有，可以辦個「商務貿易出境護照」，也就是「關引」，這樣就能夠短期到邊境看看，順便賺點外匯了。

關引是南宋護照，北宋時用的也是公驗，大概和境內的通行證略有不同，因為限制更為嚴格的關係。兩宋和遼、金、西夏邦交時好時壞，不過邊境貿易有利可圖，所以只要是不打仗，生意還是要做的。大宋朝和北方鄰國有邊境貿易市場，在兩國交界地帶，叫作「榷場」。到了榷場就相當於到了邊界，一腳國內一腳國外，可以自由出入了。比如北宋在澶淵之盟後在雄州、霸州、安肅軍、廣信軍設立了對遼榷場，而遼國也在自己境內的涿州新城和朔州南設置榷場，要是申請到去涿州和朔州經商的關引，就算真正出國了。

關引不容易申請，榷場也不是總開放。好不容易從當地州衙門領到了關引，上面寫著你的姓名，準備賣的貨物名稱和數量，從哪個口岸過境，到哪個榷場去，還有州稅務局長的簽字。你覺得萬事俱備了？且慢，出境還有幾項須知不能不瞭解，這可是生死攸關啊！

第一、時間有限制。南宋紹興二十九年（一一五九）規定，過境貿易限期五日，到期不回，強制遣返，私下藏匿，抓住以偷渡論處。

第二、出境不得寄送書信，否則就有裡通外國、洩露情報的嫌疑，被舉報查獲就要判刑。

第三、嚴禁夾帶違禁物品。這裡尤其要注意：出國不可以帶錢，金銀銅錢都不行。根據大宋法律，最嚴厲的時候帶一貫銅錢就要處死。此外，糧食、書籍也是違禁品，私自販賣到國外一樣是重罪。

所以在宋朝，出國可不是一張關引就足夠了，需要瞭解和遵守的規矩、規則還有很多。不過如果榮任大宋使臣，自然可以出國考察順便參觀遊歷一番。此外，要是有興趣乘坐大宋商務客船，倒是可以體驗最長為期一年的東南亞旅行。當然，公驗手續是不能少的，而且遼、金不許去，有時候就算是高麗（朝鮮）也不行。

五 北宋騎馬南宋坐轎，南北兩宋都乘船

——交通工具有變化

一千多年前的大宋可不像有著高鐵、飛機的今天，在那個科技尚未昌明的時代乃至隨後的千百年間，人們想要出門，在陸地上除了依靠兩條腿，只有有限的選擇——驢馬等牲畜或別人的腿。至於水上交通，除了乘船別無辦法可想。而且那時候的舟船，在人力之外只有風力。

不過，沒條件也要出門，大宋照樣有形形色色的交通工具。

馬兒少，才顯得不得了

在幸福的大宋朝要想出門遠行，首選的交通工具是什麼？當然是馬。馬是既能

被人類馴服，又能在陸地上較快速度奔跑的動物，早在商周時候就有了古人騎馬的記載。《詩經・綿》中曾記載：周文王的祖父亶父「來朝走馬」，遷居到岐山（今陝西岐山縣），奠定了周朝的基礎，這個「走馬」應該就是騎馬。但一直到戰國的趙武靈王之前，華夏民族的老祖先更多的還是用馬拉車。

「胡服騎射」讓中原地區的漢民從北方少數民族那裡學會了騎馬作戰，同時也改變了古代交通工具單一的歷史。然而當時能騎馬的大多是武將，文人士大夫和平民百姓，甚至皇室帝王大多不騎馬。唐朝時騎馬之風漸盛，馬作為一種交通工具開始普及。「春風得意馬蹄疾，一日看盡長安花」描寫的就是唐朝士人高中科舉後，騎了高頭駿馬，在長安市上得意炫耀的情形。

到了宋朝，「馬上得天下」的太祖皇帝趙匡胤很重視皇室後代的文治武功，立下傳統讓子孫從小接受騎馬教育。有皇家帶頭示範，上自文武百官下至士庶平民，自然也都崇尚騎馬，何況馬的速度的確夠快，算得上是古人的「賓士」「寶馬」了，怎能不受歡迎？

然而身為宋人，真正有馬騎乘的還是少數。所謂物以稀為貴，今天的「賓士」也不是人人能夠享受的，何況大宋的「寶馬」？

馬在大宋的確寶貴。縱觀兩宋，都稱得上「積弱」，再沒有盛唐時縱橫天下的雄風，也沒了萬里疆域。當時盛產良馬的地區，都不在大宋的控制範圍內。自家沒馬，只好進口，大宋每年都要從遼、西夏這些國家購入馬匹，而這些馬主要都用於軍事戰備，再就是供給皇家和官員騎乘，最後輪到民用的，當然是少之又少，彌足珍貴了。

不過也正因為稀少，在大宋能有馬騎絕對是了不得的事情。想像一下你要生活在宋代，穿戴著錦帽貂裘，駿馬搭配著玉蹬金鞍，鮮衣怒馬鬧市中走上一遭，那叫什麼樣？整個兒一大宋版的「高富帥」！

不過要是沒那個身價，騎不成大宋的「賓士」「寶馬」怎麼辦？那就只好退而求其次，買頭驢應付應付得了。大宋的士大夫階層還有商旅遠客騎驢的可真不少，畢竟也屬於「小康」水準，出門也算「自駕遊」不是？

如果連驢都騎不起，抱歉，還是邁開雙腿，乘坐「11路」算了。

坐轎，有身分還很舒服

宋人騎馬，在北宋蔚為風尚。但是到了金兵攻佔東京汴梁，宋室南遷的時候，騎馬已經不再是一件時髦的事情。因為更為舒適、更有面子的新型交通工具——轎，漸漸普及了。

轎這種東西大家都知道，是一種靠人力抬扛的廂式交通工具。古時候給帝王專用的轎稱作「輦」或「輿」，在民間又有「簷子」、「兜子」、「舁」等稱謂。早期的轎子其實只是一張平板兩邊加上橫杆，乘客盤坐於其上，「轎夫」將橫杆扛在肩上，所以轎還叫「肩輿」。後來，轎上有了座位，乘坐者可以「垂足而坐」了（這大概也是宋代開始實現的），而且漸漸加了篷蓋甚至全部封閉起來，成了後來轎子的模樣。這時候人坐在轎子裡由別人抬著走，不用自己費力，又不怕風吹雨淋，非常享受。同時，坐轎又是身分的象徵，俗語說「八抬大轎」，八個人抬著轎子，還不夠排場風光？

這麼好的交通工具，北宋時為什麼沒有多少人使用呢？前面說過，開國皇帝立下規矩，皇家子弟都要學騎馬，皇帝以外，除了年老多病的皇親國戚和皇帝特別批准的大臣，都不許乘轎。皇親國戚都不坐轎，文武百官怎麼坐？何況人家北宋的士大夫還是很有人文精神的，王安石就說「奈何以人代畜」——怎麼能讓人幹畜生的活兒呢？

上不行則下不效，北宋時雖然沒有不許百姓坐轎的規矩，但一般士大夫向官場看齊，大多是不肯坐轎的。普通老百姓可以坐，富商大戶也不是不喜歡，不過國家有規定：坐轎可以，抬轎只能用兩個人。你想「四平八穩」，多用幾個人？對不起，那叫「逾制」，是犯法的。

不過到了南宋，為什麼又盛行乘轎了呢？一個很重要的原因是：跟金國交戰吃了敗仗，絕大多數馬匹和車輛都被搶走了，官員們想騎馬或乘車也行不通，只好坐轎。

乘船也不錯，輕鬆又休閒

坐轎好是好，但長途跋涉未免太慢。騎著驢馬雖然快，卻免不了一路顛簸，沒有健壯的體魄和吃苦耐勞的屁股恐怕不行，更何況有些地方光靠人力、畜力過不去也到不了。所以說，有運河的地方，乘船也不失為一種合理的選擇。

說起來，坐船比步行或騎馬更加輕鬆——「兩岸猿聲啼不住，輕舟已過萬重山」，不用你費勁，揚起風帆就能把你送到目的地，何樂而不為？就算乘坐的不是帆船，一路上自然有船夫和艄公出力，無須勞動你的大駕，豈不是美事一樁？

別看大宋朝馬匹數量不多，造船業可是空前地發達。北宋時期在東京汴梁和東南沿海的眾多城市就有不少造船廠，每年都生產出大量的客船、貨船、漕運船、戰船和海船，要保證百姓出行、商旅貿易那是絕對沒問題。北宋東京城有著四通八達的運河、水系連接南北、貫通東西，基本上想透過水路出行不會太困難，可以大大縮短行程，更能讓人體驗輕鬆的出行方式。

到了南宋，行在臨安城就是如今的杭州，城中城外江河密佈，又兼江南水鄉，本來就是舟楫勝車馬，乘船就更成了最佳的選擇。

不僅如此，在江南舟船已經不單是一種交通工具，同時也是休閒賞玩等娛樂活動的重要載體。在蘇杭、在揚州、在金陵（今南京），要是未曾泛舟西湖、覽勝太湖、遊歷大運河……簡直就等於沒來過江南。

就說南宋的臨安（今浙江杭州），在西湖之上，每天有數百艘畫舫，大的「約長二十餘丈，可容百人」，小的「亦長數丈，可容三二十人」。這些畫舫「皆精巧創造，雕欄畫拱，行如平地」，讓人一望就感到美不勝收，與湖光山色相映成趣。

在西湖上乘船是如此風雅有趣，以至於趕上寒食節、清明節這樣的踏春旅遊旺季，還得預訂。另外，前文已經說過，在大宋朝就算想出洋遠遊也不是難事。不過關於宋代海船的先進和航海的發達，還是等到後面再說吧。

六 宮殿府宅講身分，平頭百姓只有家

——大宋豪宅修建手冊

活在封建時代任何一個王朝，衣裳鞋帽都不能隨意穿戴，騎馬坐轎也不能亂來。當然，居屋住地同樣需要講身分等級，不是有錢就可以任性，更不能想什麼是什麼。僭越很危險，在大宋也不例外。

活在大宋，你得知道自己住的地方叫什麼，是無可比擬的宮殿，還是象徵權勢的「府」，區分官民的「宅」，或者只能叫「家」？當然啦，你家是有「苑」，有「園」，還是有「院」？

這也是個問題。要知道，不是誰家在屋後開一片地都可以叫「苑」，花園和菜園也不一樣，就算是「四合院」，也不是誰都能夠擁有。

皇家宮殿：「寒酸」難掩規格高

如果你姓趙，並且在大宋朝有一個「當今」天下獨一無二的身分，可以使用「朕」這個特別的第一人稱的話，那麼恭喜你，住的地方也不一般，應當稱為「宮殿」。原因很簡單，你是皇帝啊！皇帝家住皇宮，皇宮又稱皇城、宮城，是京城內城的內城，可謂內城的「城中城」，與其說是皇帝一家子的私人城堡，不如說是禁錮皇帝和他那些后妃們的牢籠，因為實際上，皇帝很少有機會離開皇宮。

但是不管怎麼說，皇宮畢竟是天下第一「豪宅」——規模最大、規格最高，而且只有它可以使用那些象徵權力和地位的建築結構和裝飾元素，比如重簷廡殿（有兩層屋簷，屋脊也分一條正脊和四條垂脊共五條，所以也叫五脊殿），比如規格達到九開間、五進深的大殿（四根立柱形成的空間為「間」，橫向就是「開間」，縱向稱為「進深」，九五象徵著至尊），比如屋脊和簷角上脊獸與角獸的種類、數量，比如皇家帝王專用色——黃色和金色……甚至連門洞也是最高級別：北宋皇宮正南的宣德門有五個門洞，而根據之前唐代的規定，都城城門才有三個門洞，州府城門兩個，縣城城門只有一個門洞。

說大宋皇宮規模大其實不太準確，因為比起前朝來說，兩宋無論汴梁還是臨安的皇宮，都和大唐在長安和洛陽的皇宮沒法比，也趕不上明清兩代的北京皇宮（即今天的故宮），簡直可以用寒酸來形容。汴梁皇宮最早是唐代宣武軍節度使的治所，大概相當於省政府的規模，後來後梁和後周政權先後以此為皇宮，宋太祖趙匡胤接手後雖然加以擴建，但整個皇城的周長也只有五里，比故宮小了不少，跟大唐的洛陽宮更不是一個等級的。

到了南宋時期，臨安皇宮就更「寒酸」了。它是以原來的杭州府的「治所」為基礎擴建的，面積一直不大。其中皇帝朝會和慶典時接見百官的崇政殿是最重要的大殿了。但根據《宋史》記載，「其修廣僅如大郡之設廳」，也不過只有較大城市「政府宴會廳」的規格。

當然啦，崇政殿再小也叫殿，就像只有皇帝家的建築群才可以稱作「宮」。宮和殿都是皇帝家的專屬建築名稱。除了皇帝本人，再沒有人有權使用這些名詞，除了皇宮，就只有道觀、佛寺、祠堂中有這個宮、那個殿的稱呼了。

府宅民居：門面裝修有門道

皇帝們從來都要和活人保持距離，在活人堆裡搞特殊，只肯禮敬祖先與神靈。所以如果你不是皇帝，那你家無論如何也不會叫宮殿。

除皇帝以外的宋人（咱就說一家之長，不算家裡的妻兒老小們），家的最高規格是「府」。倘若你是親王或是宰相級的權貴重臣，你家就屬於「府」，可以稱為王府、相府、某府了。

親王是皇帝的親兄弟、子侄，但也要達到爵位，絕不是所有宗室都算。宰相級人物則主要看品秩和榮譽頭銜，宰相、樞密使自然不用說，此外還有「開府儀同三司」這種榮譽頭銜，也就是建宅和出行的規格標準都是第一等，即僅次於天子的「三公」（一般指太師、太傅、太保）等級。

「三公」等級「開府」可以修門樓，大門可以更氣派寬闊，正堂可以開間更多、進深更長，而且只要不違反皇家禁忌，盡可以隨便裝修。

那麼大宋朝「府」的規格到底如何呢？這個《宋史》沒說，眾多史料中也沒有明確規範。不過根據唐朝的制度猜測，大約宋代的「府」正堂開間最多七間（因為皇帝才可以用九間），進深最多十一架（此處「架」和「間」意思差不多，下一個等級是九架。另外，皇宮大殿也不一定是五架，九五只是皇帝的吉利數字），而且門樓、屋簷的樣式也是最尊貴的。當然啦，整個大宋朝「府」也沒幾個，所以跟宋人聊天可別一口一個「尊府」，基本上說了就錯。

倘若你大小總算是個官兒，但還達不到「開府」的資格，那你家就該稱為「宅」。宅的等級不同，大小也有區別，主要還是由開間和進深來決定。而且同樣是宅，「大宅門」也不一樣。根據宋朝的規定，只有六品以上官員才可以用一種牌樓式的「烏頭門」；六品以下，七八九品雖然也是官，但已經不入流，用了就是僭越，會犯法的。

在大宋，區分官民建築還有一個辦法，就是看有沒有重拱和藻井，以及室內室外有沒有彩色的雕樑畫棟。如果有，那麼這戶人家肯定是當官的，至少祖上有過當官的，留下了這套房產。如果沒有，那麼再寬大的房子也只能是民居，而且民居不叫「宅」，只能叫「家」。

空間格局：城鄉各有各的好

宮殿不用說，就算是府、宅、家，能有個窩畢竟是好事。但是把窩安在哪裡好呢？是在城市中體驗都市繁華，還是到鄉下去感受自然寧靜？實際上，這就取決於個人愛好和追求，當然更取決於經濟實力和現實需求了。

比如在京師城裡安個家，就算是小家小戶，畢竟能圖個方便、湊個熱鬧。京師裡商業密集、設施齊全、交通便利，生活購物、餐飲娛樂都不愁，肯定有數不盡的好處，這一點和在現代的感受沒什麼太大的差別。當然啦，缺點也不是沒有：城市比鄉村人多，何況像東京、臨安這樣的「國際大都會」？人口稠密、城市擁擠，住房面積自然大不了，要知道連兩宋的皇帝想擴建皇宮都得遭遇拆遷一難事，皇城邊的居民說什麼都不答應，最後只好作罷了。不過辦法總比困難多，人家大宋人民「以高度換空間」，尤其是在臨街地段，建了不少樓房，充分利用土地，也解決了不少問題。所以，如果住到城裡，完全可以選擇在街邊買一棟樓房，二三樓（大宋也就這標準，一般就是二層樓，三層也有，四層以上就不多了）居住，一樓還能做生意，也算不錯了。

不想住得太侷促，環境太吵鬧？沒問題，可以到鄉間建別墅。前後搭建幾排平房，有前廳，有正堂，還有後面的寢室，兩邊再蓋上耳房、廂房或者偏院，房舍之間的空地還能夠形成院落，那不就完全是個像樣的宅院了嘛。當然，這樣的宅院建在城裡也行，只是京師裡寸土寸金，要是資本不夠雄厚，估計整個宅院的規模就得成倍縮小，到時候弄成「微縮景觀」可就不值得了。何況京師哪有鄉村的自然寧靜呢？鄉村還有山水田園，在自家宅院後開一片空地，圈起後園，種花種菜也是好的。

說起後園，城裡人想有這樣一個私人空間可就難了。皇帝自然沒的說，人家有御花園。王公貴族們也行，人家有後花園。不過御花園、後花園都不會太大，畢竟空間有限。想大？最好到城外想辦法，皇帝可以有御苑，王公貴族們可以有私人園林。

御苑其實也是園林，是皇家私人園林。大宋朝的園林已經很有名了，趙家在汴梁建了瓊林苑、金明池，還有內城東北角的艮嶽，洛陽、蘇州也有很多著名的園林。

你也想有園林？那就只能是菜園子。菜園也是園，但和風雅高貴的花園可就差得遠啦！

長知識——多層建築有佛塔

在大宋，人居住的建築沒有建得太高的，皇宮一般只有城樓才屬於「樓」，民居也不會超過三層。然而另外一種特別的建築——佛塔，就既可以很高，也可以有很多層。大宋有許多著名的佛塔，例如杭州錢塘江邊的六和塔，高六十米，外觀為十三層木塔，為清代所建，內部的七層磚石結構建築則是南宋時建的，後來又經過了多次修繕。此外，杭州的保俶塔、雷峰塔都是北宋初年所建，可惜都毀掉了，現在的實物都是後人重建的。

另一座更高的塔在河北定州，名叫開元寺塔，共十一層，高八十四米。定州在北宋時是宋遼邊境，所以這座塔還有個功能是瞭望台，因此又叫「瞭敵塔」。不過，這座多功能磚塔後來也倒塌了。

第

二

章

重文輕武是祖訓，福利待遇太誘人

宋朝的開國皇帝趙匡胤吸取了五代時期武夫干政的教訓，
用「杯酒釋兵權」的辦法，
不流血地解除了親信將領的兵權。
此後，他抬高文臣的地位，
限制武將的權力，
他的繼任者們也繼續執行「重文抑武」和「高薪養仕」的政策，
形成了宋代特有的官場形態。

七 杯酒釋兵權，大將退二線

——防範功臣手法很溫柔

歷朝歷代的老百姓過日子，最關心的還是切身的問題——農民心憂天氣，念念不忘的是土地裡莊稼的收成；商人盯緊市場，時刻關注的是自家買賣的收益；做手工的匠人但願人人手頭都寬裕，買得起他製成的用品；茶水鋪盼望烈日炎炎、行人口渴……。

不過老百姓的生活，還是和政局息息相關。要瞭解宋人的生活，就不能不瞭解一下大宋政治那點兒事。而要認識大宋的政局，明瞭南北兩宋積弱的原因，就要從宋太祖趙匡胤的杯酒釋兵權說起。

黃袍加在身，心頭多塊病

說起大宋朝的建立，很多人可能都知道陳橋兵變、黃袍加身。陳橋指陳橋驛，是東京汴梁城向北前往河北地區（泛指今天的黃河以北地區）的交通要道。西元九六〇年，後來的宋太祖，當時的後周殿前都點檢、歸德軍節度使趙匡胤正是在這裡被部下將象徵皇權的黃袍披在了身上。隨後，趙匡胤揮師返回汴梁，迫使年僅七歲的後周恭帝禪位給自己，由此開創了兩宋三百多年的基業。

試想一下，趙匡胤從一個高級軍官「黃袍加身」搖身一變成了皇帝，算得上一步登天，心情還不得美滋滋的？但事實卻不完全是這樣，可以說從當上皇帝的那一天起，趙匡胤就吃不香睡不好，多了一塊心頭病。

什麼心病？自然是擔心「黃袍加身」的故事重演，也就是擔心別人效仿自己，也來個黃袍加身。要知道趙匡胤在當上皇帝之前職位是殿前都點檢，這個職位是由趙匡胤的「前任老闆」周世宗柴榮設立的，掌管中央禁軍的最高長官，掌握著京師地區的軍權。不然趙匡胤怎麼會那麼容易就發動了兵變，甚至沒流一滴血就推翻了後周政權，取而代之呢？

趙匡胤可以這麼做，別人當然也可以。而且實際上趙匡胤「黃袍加身」也不是首創，這一創造性「王朝建立法」的發明專利權屬於後周太祖郭威，人家才是「黃袍加身」第一人，並且也是因為手握重兵才能奪權當上皇帝的，比趙匡胤發動陳橋兵變再早十年，即西元九五〇年，後漢大將郭威在澶州披上一面黃旗（這郭威倒有點事起倉促）。

前事不忘，後事之師。現在輪到趙匡胤自己當皇帝了，他當然不可能整天管著軍隊，他的手下也有心腹將領正掌管著禁軍，這些將領的勢力也越來越大，趙匡胤又怎麼能保證同樣的故事不會再上演第三次呢？

一場酒局，祛除心病

殿前都點檢手握重兵，成了趙匡胤最大的一塊心病，更像是懸在他頭頂的一把利劍。要想去除心病摘下利劍，最好的辦法是不再設置殿前都點檢。趙匡胤代周立宋，自己不做殿前都點檢，繼任的是大將慕容延釗。大宋建立才一年，這位貌似最有資格上演「黃袍加身」的慕容老兄就被調任，而且趙匡胤和他的繼任者們再沒把這個職位任命給任何人——殿前都點檢已不復存在。

但這還不算完，殿前都點檢沒了，其他手握兵權的人還在。當初支持過趙匡胤，把黃袍披在他身上的那些袍澤兄弟成了功臣，人人手裡都有軍隊。還有那些節度使、地方將領，他們在每個地方都擁兵自重，掌握著軍政大權，如同統治著自己的小王國。這些人都不能讓趙匡胤放心，都成了潛在威脅者。

怎麼辦？歷朝歷代的統治者都會面臨這樣的難題，尤其是對開國功臣——他們功勞大，支持者多，也最容易受到誘惑。但解決的辦法也不是沒有：劉邦不是幹掉了一大批嗎？後來的朱元璋不是也毫不遜色？趙匡胤還是很仁慈的，他不忍心對自己的功臣愛將們下殺手，最後想出來的辦法是請功臣們喝酒。

大家都是同甘共苦過的兄弟，如今雖然是君臣，不過聚在一起喝頓酒有什麼大不了呢？所以很快，大家就都有點酒酣耳熱的感覺了。這時候趙匡胤端起酒杯說話了：「諸位兄弟，我有今天可全靠大家幫忙啦！我現在雖然當上了皇帝，日子過得可不踏實，整夜整夜地失眠哪！」

功臣們聽得冷汗直流，酒也醒了，忙問趙匡胤有什麼好擔心的。趙匡胤倒也不客氣，當即就實話實說：「當皇帝這種事，誰敢說不想？再說了，要是趕明兒有人給你們也披上黃袍，你們躲得了嗎？」

得，就這麼一句，大家都明白了。要知道「君疑臣死」，皇帝對你不放心了，你的小命還能保得住？所以大家都嚇得直磕頭，還鼻涕眼淚地求饒：「這一點俺們可是從來沒想到啊！還求陛下您給俺們指一條明路，只要能活著，俺們是怎麼樣都行啊！」

趙匡胤一看，行啊，你們這幫傢伙還算上路，這就好辦！接著，趙匡胤就聲情並茂地發表了一通演說，把自己的人生觀灌輸給這幫老部下、大功臣們，告訴他們：你們只要如此這般，這般如此，自然能夠金銀花不完，無病無災到百年。

功臣享清福，全民講享樂

趙匡胤發表的演講總結起來就一句話：你們只要放下權力回家去享清福，那就萬事大吉啦！他說：「人生如白駒過隙，所以好富貴者，不過欲多積金錢，厚自娛樂，使子孫無貧乏爾。卿等何不釋去兵權，出守大藩，擇便好田宅市之，為子孫立永遠不可動之業，多致歌兒舞女，日夕飲酒相歡，以終天年！朕且與卿等約為婚姻，君臣之間，兩無猜疑，上下相安，不亦善乎？」

你看這趙匡胤講得多麼在理，為將領們考慮得又是多麼周詳：人生短暫，人人追求富貴，圖的是什麼？不都是為了多賺錢多享受，給子孫後代攢個家底嗎？你們這幫兄弟要想不讓我擔心，那就把兵權交出來，然後找個地方當個自在官兒，買下土地豪宅，讓後世萬代都有個依靠，這有多好？至於你們自己，在家裡多養幾個歌手、舞女，天天喝著小酒欣賞著歌舞，又是多快活逍遙？照這樣活到晚年，不是很幸福嗎？你們這麼做我就徹底放了心，再和你們結成親家，你們也不用怕我哪天再對付你們了。最後我皇帝當得舒心，你們也能安享富貴，大家雙贏，不也是好事嗎？

趙匡胤這樣動之以情，曉之以理，功臣們哪能不識相？於是第二天就個個請假告老還鄉。趙匡胤也信守諾言，給了他們每人一大筆安家費，讓他們回家養老去了。趙匡胤只請了一次客，就把歷朝歷代要千百人頭落地，血流成河才能收場的大難題解決了，他的政治智慧可真不低。不過趙匡胤沒有料到的是，他的這番言論產生了另外一個副作用，那就是享樂之風大盛。試想一下，開國皇帝帶頭宣揚當官求富貴就是為了享樂，大宋朝的官員們怎麼能不積極回應？這樣自上而下帶動起來，先是文武百官們，接著是文人士大夫，再次是富商大戶、庶民百姓，到最後就形成了人人求享樂，個個講奢靡的風氣了。

在這方面，最有代表性的就是官員士大夫蓄養家伎的風氣。由於趙匡胤的宣導，官員士大夫階層就以聲色娛樂為榮，我們所熟知的那些大宋名人，像歐陽修、文彥博、韓琦、晏殊、蘇軾等人，甚至包括南宋抗金名將李綱和主戰派中堅胡銓，這樣在今天看來的「正人君子」，幾乎家家都有十幾個、幾十個甚或多達數百個家伎，一個文人沒有家伎都不好意思和同僚朋友打招呼。像南宋的窮酸文人姜夔養不起家伎，范成大送了一個叫小紅的歌伎給他，可把他高興壞了，還成就了一首名詩《過垂虹》，大大地抒發了心中的滿足：

自作新詞韻最嬌，小紅低唱我吹簫；
曲終過盡松陵路，回首煙波十四橋。

這樣的流風所及，平民百姓們就算蓄養不起家伎，也把宴飲遊樂當作了時尚。直到北宋滅亡，大宋王朝被金人趕到長江以南偏安一隅也沒有改變，繼續演繹著「西湖歌舞幾時休」，直到元軍渡江，徹底結束了趙宋王朝的統治，才算告一段落。

武將很悲哀，武功漸廢了

用溫和的方法解決了功臣們，這只是趙匡胤保障子孫萬代皇位無憂的第一步。功臣們都是武將，他們走了還會有新的武將接替他們的職位，威脅也就依然存在。何況趙匡胤就算沒讀過史書，歷史故事總還是聽過的，尤其是唐朝後期藩鎮割據，地方節度使權力過大（就連他自己也是節度使出身），這些事實給了趙匡胤不少前車之鑑，讓他看到最大的威脅來自能帶兵打仗，又敢擁兵自立的武將。

絕不能再給武將任何推翻大宋、黃袍加身的機會，這成了趙匡胤的長期防範目標。要達到這個目標，就要限制武將，尤其是節度使的權力。經過一系列改革，這個目標基本實現了。老功臣們紛紛交出兵權回家養老，新接任的再也沒有那麼多權力。朝廷派遣文官到地方管理政務，財權另有轉運使負責，地方精銳部隊也都被編入禁軍，不再受節度使指揮——政權、財權、軍權都被架空，節度使成了空銜。

在宋代其實不光節度使，只要是武將地位就都被貶低，屈居在文臣之下。《水滸傳》中的花榮與劉高同為清風寨知寨，一文一武。只因花榮是武官，就低了劉高一等，處處受到壓制排擠，終於被逼上了梁山。這就是宋時武將身分地位的一個縮影和寫照。

別說花榮只是一個小小知寨，就算地位更高、功勞更大，戰功赫赫的名將，在宋代同樣難以得到重用。例如狄青，他是宋仁宗時的名將，與西夏交戰屢戰屢勝，收復了不少失地，並迫使西夏與宋議和，可以說是大大的功臣，更是一位良將。但是隨著他的功勞越來越多，官越做越大，文官也就越來越看他不順眼。為什麼？就因為他是武將，而有宋一代重文抑武，武將更受猜忌。就這樣，狄青最高的官職做到樞密副使（相當於國防部副部長），而且沒做幾年就被免職，調到陳州當地方小官去了。身為功勳卓著的大將得不到重用，又經常被認為是皇權的潛在威脅，狄青怎麼受得了？他終於在擔驚受怕和抑鬱中死去，年僅四十九歲。

狄青的悲哀正是大宋全體武將的悲哀，但其實更是大宋本身的悲哀。武將得不到重用，「內憂」的危險是沒有了，但「外患」也同樣難以抵抗。武將沒權沒兵沒積極性，大宋朝等於是「自廢武功」，又怎麼能不慢慢走上「積弱」的道路？趙匡胤為子孫後代的皇位，開創了「重文教、輕武事」的大宋特色傳統。殊不知「得之桑榆，失之東隅」，保住了皇位，卻沒有保住王朝！

八 別念官名，聽得人頭疼

——虛銜怎麼那麼多

在開始這篇短文前，先給大家念念大宋名相司馬光在宋神宗在位時的全套官名：端明殿學士兼翰林侍讀學士、朝散大夫、右諫議大夫、充集賢殿修撰、權判西京留司御史台、上柱國、河內郡開國侯、食邑一千三百戶、食實封四百戶、賜紫金魚袋……聽著有沒有感到頭疼？這一連串的頭銜、官銜、職位、爵位、封邑等足以令人頭暈眼花，更讓現代的名片黨自愧不如，光是這全套官名一張小小的名片只怕就印不下。

由此也可以看出宋代官制的複雜，官員頭銜的眾多。要想真正搞明白宋代官制，只怕沒有十數萬字的專著不成。所以在這裡，大家也就只能簡要瞭解一下了。

散官、寄祿官、祠祿官全是虛的

大宋朝從一開國接的就是五代後周的整套班底：從國土到軍隊，加上官員、官制，全部繼承。後周的官制是從更早的後漢繼承來的，再往前推，依次是後晉、後唐、後梁，然後就到了唐朝。所以說，宋朝早期官制基本是沿襲唐朝的。

在這一整套官制中，體現官員品秩的是文武散官制度。大宋文武散官以從一品為最高，從九品為最低，共分二十九階（這二十九階，自四品開始又分上下，如四品分為正四品上、正四品、從四品上、從四品四階），也就是有二十九個等級。例如文散官，最高品秩是開府儀同三司（意思就是當官當到這一級，就可以像三公——太尉、司徒、司空，宋徽宗趙佶以後則是太師、太傅、太保——那樣建豪宅、列儀仗了），以下依次是特進（正二品）、光祿大夫（從二品）、金紫光祿大夫（正三品）、銀青光祿大夫（從三品）……直到將仕郎（從九品）。前面提到的司馬光的官銜中朝散大夫屬於文散官序列，相當於從五品，也就是說那時候這位名相官還不大，級別也不高。

至於武散官，最高的一級是驃騎大將軍，然後是輔國大將軍、鎮國大將軍、冠軍大將軍、雲麾將軍、忠武將軍……最低等為陪戎副尉。

《水滸傳》第一百十九回講到梁山好漢征方臘損兵折將，班師回朝後趙佶追封諸陣亡將領，「正將封為忠武郎，偏將封為義節郎」。有人認為這個忠武郎就是忠武將軍，位列武將散官第六階，屬正四品上，官位不小了。但如果忠武郎就是忠武將軍，那麼義節郎又是什麼呢？事實上武散官二十九階中並沒有義節郎或者義節將軍，連個「義」字都沒有。倒是有宣節校尉和宣節副尉，但已經是第二十二階和二十三階，屬正八品上和正八品，和忠武將軍相差太遠了。

另外，死了的封官，活著的自然也要封官。書中說征方臘正先鋒宋江被封為武德大夫，副先鋒盧俊義被封為武功大夫。這兩個職位屬於寄祿官，但只有正七品。寄祿官，顧名思義是寄寓俸祿的，顯示著官位的大小，而且和賺多少錢、受多少封賞有關，還能傳給子孫或者用來頂罪。然而武德、武功這兩個官職在寄祿官序列中排在第十五、十六階，而且武功在前，武德在後。也就是說，皇帝給盧俊義封了一個比宋江還高的官職。這顯然不科學。

實際上，武德大夫和武功大夫這兩個官名甚至都不是趙佶時候的，要到南宋高宗紹興年間（一一三一～一一六二）才有。其實說起寄祿官，北宋初期、中後期和南宋時三個階段就有三種制度、三套官名，想搞明白也沒那麼容易。就像最後一次改定寄祿官名是在南宋紹興年間，這時武將的最高寄祿官職是太尉，居正二品。但接著第二級就是通侍大夫，只有正五品了。而文臣寄祿官的名稱和等級改的次數更多，這裡就不多說了。

您只需要記住，元豐（宋神宗年號，一〇七八～一〇八五）改制後，寄祿官實際上替代了散官，這就足夠了。

這麼說，忠武郎不會是忠武將軍（趙佶時這個散官官名已經不用了），宋江、盧俊義的武德大夫和武功大夫估計也是亂蓋的。施耐庵大概不太懂宋朝官制，所以都弄錯了。

另一方面，無論是宋朝初期的散官還是後來的寄祿官都只是虛銜，和實際的職權沒有一點關係。此外，除了散官和寄祿官，大宋朝還有一種祠祿官，是朝廷派駐道教宮觀的兼職官員。但這些祠祿官只吃俸祿，一般都不去上班，而且往往是六十歲以上「退居二線」，或者沒別的職位安排了，才會從事這個工作。

有差遣有職事才會有實權

那麼什麼官名才體現具體職權呢？

宋朝前期，有差遣的官員才有職權，也就是擔任實職。司馬光官名裡的充集賢殿修撰、權判西京留司御史台這兩部分中，「充」和「權判」都表示差遣，這才是他當時實際擔任的職務。除了「充」和「判」，「知」、「直」、「管勾」、「提點」等字樣也都表示差遣，像耳熟能詳的知州、知府、知縣，就都是差遣到州、府、縣去幹實際工作，當省長、市長、縣長的意思。不過這些名稱後來保留下來，成了約定俗成的官名。

知州、知府、知縣這三個名稱大家都很熟悉了。此外像知審官院事、判戶部事、轉運使也都是差遣官名。這裡加在後面的「事」、「使」也是差遣的意思，表示到某個部門去做事，或者行使某方面的職權。大宋朝的宰相、副宰相一度叫「同中書門下平章事」、「參知政事」，這兩個「事」就都是差遣，不是固定的職位。而有時候某位官員剛剛擔任某個職務，還要有試用期，這時就要在前面加「權」字。比如司馬光「權判西京留司御史台」，就是說他這個奉差遣而來的「西京留司御史台」還只是試用，不算正式職位。

元豐改制之後，原來的散官沒了，變成了寄祿官。但是宋朝前期也有寄祿官，並且用的都是正式的官名，例如文臣寄祿官的尚書左右僕射，還有吏禮戶兵刑工六部尚書，以及尚書之下左右丞、各部侍郎、中書舍人、給事中等，這些官名原來都是虛銜，根本不管事，那麼現在還用不用了呢？當然用，而且現在它們變成了職事官，也就是實際的官職，又重新有了許可權。就像司馬光那個「右諫議大夫」，因為當時是在元豐改制前，所以只是寄祿官名，並不是實際的職務。但如果後來他繼續擔任這個職位，那就是職事官，要幹點實事，不能領乾薪了。

不過還是有些差遣官名保留了下來，像樞密使和樞密副使，地方上的官名也基本沒變。另外，新的官制仍然存在寄祿官和職事官不對等的情況，這時候就要用「行」、「守」、「試」來區分：「行」是寄祿官比職事官高，「守」是寄祿官比職事官低一品，「試」則是寄祿官比職事官低二品。雖然只有職事官才有職權，但另有一種貼職（兼領）是榮譽頭銜，不另外單領一份工資，而且升官很快，很受重視，那就是諸殿、閣學士和館閣職位。司馬光任「端明殿學士兼翰林侍讀學士」，就是這樣一種貼職，「集賢殿修撰」也是貼職，但可以搞學術，所以算是具體工作。司馬光能主持編著近三百卷的編年體史書《資治通鑑》，正因為他任職集賢殿修撰，而又遠離政治中心東京，才得以集中精力。

爵位不世襲，食邑不靠譜

除了散官、寄祿官、祠祿官、差遣官、職事官和貼職這些官職，大宋朝官制中還有許多附加性的官職，它們各有各的作用，很難一下子說清楚。不過，爵位、食邑、食實封這幾種不可不懂，因為這和官做到多大，錢賺了多少緊密相關，所謂「生計攸關」者也。

大宋朝的爵位也和歷代類似，無非王、公、侯、伯、子、男，不過王公兩級分得細些，又不斷變化，前後等級數量也不大相同。例如王一級有王、嗣王、郡王三等，但實際上南北兩宋加起來只有四個嗣王，數量少得可憐，而且都是特封，不是慣例。嗣王，實際上就是王位的繼承人，一般要嫡子（正宗長子）繼承。

不過宋代的爵位向來就沒有「子承父業」的慣例，更沒有形成制度——爹是王，兒子不一定會封王，最多封個公，且名額只限一個，其他的還得論資排輩慢慢熬。

皇親國戚當個王都這麼不容易，外人就更難了。其實自古以來皇帝就不喜歡封外姓為王，道理很簡單，肥水不流外人田嘛！但其他朝代多多少少還有幾個外姓王：像漢朝時韓信曾受封楚王，英布為淮南王，彭越為梁王……漢高祖劉邦一口氣就封了七個異姓王。唐朝時也有高祖時期的吳王杜伏威，唐中宗時候的漢陽王張柬之以及和他共同擁立中宗李顯，並稱「五王」的另外四位郡王。宋以後的明朝，死後追封的異姓王不少，像徐達、常遇春等人都是，清朝在初期也有平南王尚可喜、定南王孔有德、靖南王耿精忠、平西王吳三桂和義王孫可望這五位異姓王。唯獨大宋，從頭到尾活著時被封到「王」一級的只有童貫、韓世忠、張浚等幾個人，而且只是郡王，死了被封王的也只有趙普、王安石和岳飛寥寥幾人。

爵位高低象徵著地位，同時也和食邑關聯。比如男爵至少有食邑三百戶，子爵五百戶，伯爵七百戶，到侯爵就至少有一千戶了。但這個食邑並不靠譜，只有食實封才真正和工資掛鉤。司馬光「食邑一千三百戶、食實封四百戶」，一千三百戶這個數字沒有實際意義，但食實封的四百戶卻意味著他一個月能多得到十貫，也就是一萬文錢，算是一筆額外獎金了。此外附加的官銜還有勳官、功臣、檢校官、檢校兼官、試官和象徵身分待遇的賜。在司馬光的那一長串官銜中，「上柱國」是勳官，「紫金魚袋」是賜——關於「賜」，你可能聽說過「劍履上殿、詔書不名、贊拜不名、入朝不趨」，這都是尊榮無比的事，一般人想都不要想。

宋朝的官職還有很多中央和地方官，比如中央最高權力機構中書門下（又稱政事堂）和三省（門下、中書、尚書）、六部、九寺、五監以及御史台、諫院的官員們，還有各地州府郡縣的地方官，真是說也說不完。

長知識——高階職務叫「宰執」

在宋神宗元豐改制之前，北宋政權為了避免宰相權力過大，將宰相的職權一分為三，設立了中書、樞密和三司三個部門。中書的最高長官為中書門下平章事和參知政事，也就是宋代文官系統中權力最大的「宰執」（宰相和執政），相當於今天的總理和副總理。樞密又稱樞密院，是處理全國軍務的最高機構，相當於今天的國防部。三司是北宋前期最高財政機構，最高長官為三司使，號稱「計相」，大體相當於今天的財政部部長。

九 公務員招考哪家強，大宋科舉最繁忙

——讀書人眼裡只有「進士」

有意加入大宋朝公務員團隊嗎？希望一舉成名、為國效力，開創一片美好前途嗎？請不要猶豫，馬上報名參加大宋公務員統招科舉考試！三級考試、多重管道、成熟模式、完美規劃，並且完全無年齡限制——你可以少年高中、一鳴驚人，也可以老來題名、光耀門第！

公招門類多，首選進士科

有志加入大宋公務員團隊的你，應該首先有個目標。國家部門多，樣樣人才都需要，所以公務員招考也不是只有一種，而是分成很多門類。宋代科舉有貢舉、武舉、

制舉以及詞科四大類，還有通過國家級醫、算、書、畫等專門學校學習，並通過考試成為公務員的途徑。這麼多條躋身大宋公務員之列的道路，應該如何選擇，參加哪一種學習考試比較好呢？

武舉就不必多說了。一聽就知道武舉出身將來要從軍當武將。前面說過，大宋重文抑武，當武將雖然威風但不受重視，而且前途悲哀，就算有機會成為狄青、岳飛那樣的名將也很難有好下場，所以還是別打算了。至於制舉，那是由皇帝下詔舉辦的臨時考試，時間不定，錄取名額又少，而且大多數時候要有官員的舉薦才行，自己不能報名，最好也別抱太大希望。此外還有詞科，是選祕書的，專考古代公文，什麼詔書、表啦，還有檄、箴、銘、序等。宋代前後有宏詞科、詞學兼茂科、博學宏詞科、詞學科四種，且名額更少，每科最多才錄取五人，終大宋朝也只有一百多人被錄用，您覺得自己有希望嗎？

想想武舉、制舉、詞科，不是不理想就是太難考，還是學點專業技術或者走藝術特長路線也不錯。當然，如果能在太學開辦的醫學院、算學院、書學院和畫學院學有所成、名列優等，的確可以直接當官。不過從這些專業技術類和藝術類出來只能做專門的工作——當個醫官啦，審審財稅啦，做個抄寫員或者畫師什麼的，這些職位起點低（最低的只相當於文官從九品，也就是將仕郎），升遷機會少，想做高官恐怕終生都沒指望，實在說不上是什麼好選擇。

這也不行，那也不行，還說大宋公招好？這不是笑話嘛！別急，這不還有貢舉嗎？其實大宋科舉考試中最重要的就是貢舉，也就是常科。它是大宋公務員招考主要的途徑，同時也是招收和錄取公務員最多的考試，當然是首選。

在北宋前期，貢舉考試又分進士、明經、諸科三種科目，其中的諸科又包括九經、五經、三禮、三傳、三史、學究、開元禮、明法等不同的級別和內容，要說清楚實在是件麻煩事，一本本專業教材加上考試內容和方式，說出來保準讓人頭疼。不過沒關係，聽到「進士」這個詞是不是眼前一亮，科舉考過了不就是中進士嗎？沒錯，大宋公招招生範圍最廣、考中概率最大、考中後最為榮耀、當官機會最好、升遷機遇最多的，正是進士科！

所以如果想參加大宋公務員考試，進士科絕對是首選中的首選！實際上，在經過王安石變法之後，大宋朝貢舉考試也只剩下進士一科，明經和諸科後來都漸漸被取消了。

限制比較少，人人可報考

目標有了，您一定急著去報名了吧？但是您也在擔心：我這個身分、學歷夠不夠資格？大宋朝會不會「唯血統論」，講究家世出身？有沒有身體和相貌等方面的要求？

放心，大宋朝在招考公務員這件事上，基本上堅持「不拘一格選人才」的原則，從皇親國戚、宗室子弟，到販夫走卒、山野鄉民可以說來者不拒。只要不違反以下條件，報考大宋公務員絕對是沒問題的！

第一，沒出過家，也就是沒當過和尚、道士。北宋時有個進士楊何，老爸是道士，母親是尼姑，自己照樣當公務員——看來出家人雖然出世，卻不妨礙後代子孫做官。

第二，不是吏，即不是專門給官兒們寫寫文書、抄抄案卷，身在官府卻不屬於官的人士。關於為什麼吏不能當官，宋元之交有個歷史學家叫馬端臨這麼說：「蓋惟恐雜流取名第，以玷選舉也。」就是說吏只能算「雜流」，不夠「高大上」，難怪宋江宋押司這個「筆墨小吏」要憤憤不平，反上梁山等招安，尋求新的做官門路。

第三，就算您是下九流的工匠商賈也沒關係，只要是屬於「奇才異行、卓然不群者」，照樣可以報考。神宗朝的宰相馮京，曾經連中三元，他爹就是商人。

第四，人品一定要沒問題。大宋朝注重公務員的個人道德品質，決不允許濫竽充數，更不讓道德敗壞、違法亂紀之人混入大宋公務員隊伍。所以，要是犯過罪，不孝敬父母，和兄弟姊妹不友愛，或者被認為是「為害鄉里」的惡人，甚至您的爸爸還有爸爸的爸爸犯過重罪，都不能報考。

第五，身體不能有重大殘疾。在宋代，傷殘人士也分幾等：聾啞弱智、四肢之一殘廢、腰背脊柱斷折和侏儒屬於廢疾，得了瘋癲絕症、兩個以上肢體殘廢和兩眼全盲則稱為篤疾。廢疾和篤疾是不能報名參加科舉考試的。但要是程度沒有這麼嚴重，還是可以的。南宋淳祐十年（一二五〇）的狀元方夢魁不僅跛了一條腿，還瞎了一隻眼，但依然名列榜首，可見大宋朝對人才的重視。不過當時南宋已經風雨飄搖，這位方狀元後來雖然被升到禮部尚書，但還沒來得及上任，南宋就滅亡了。

除去上面這些條件，就算沒上過大宋國家公辦的學校，在家請家教或者是自學成才都沒關係，一樣可以報考。不過有一點需要注意：如果趕上家裡有人亡故，需要服喪，那可就不能報考了。服喪的期限是一年，或者至少超過三個月，才准許報考。

考場紀律嚴，犯規很危險

順利報名成功，您可以準備參加考試了。宋朝和之前的唐朝一樣，科舉考試有解試和省試，宋太祖開寶六年（九七三）又增加了殿試，這樣就總共有三級考試。解試在中央（京城）由國子監組織，在地方則由州府和轉運司分別負責組織當地普通考生和地方官的家人親屬們參加。解試一般在秋天（農曆八月）進行，考試通過的考生被稱為解士，也就是要被解送到京城去的士人。而解士第一名叫作解元——明朝江南四才子之一的唐伯虎就被稱為唐解元（明清的公務員第一級考試稱為鄉試而不是解試）。

解士們被解送到京城，到第二年正月再參加省試（明清後稱會試，故省試第一為省元，後來的會試第一為會元）。省試結束，通常在二、三月放榜公佈通過考試的考生名單，再然後就是最後一級由皇帝親自主持的殿試了。殿試結果要給最終高中的進士們排定名次，也就是決出一甲前三名——狀元、榜眼和探花，以及以下各甲名次。這樣，三年一度的大宋公招才算基本結束。

殿試排名的決定權在皇帝，因此進士們最要感謝和效忠的是皇帝，而不再是主考官，這也是創立殿試制度的趙匡胤獨攬大權的又一妙招。自此，「恩歸有司」變成了「恩由主上」，您的進士身分和名次是皇帝給的，您不感謝皇帝、不效忠皇帝，又去感謝、效忠誰呢？不過，自從宋仁宗嘉祐二年（一〇五七）開始，省試放榜之後基本就確定了進士的身分，殿試只決定名次，考生不管怎麼樣都已經是大宋公務員了。考試過程複雜，還要一級一級去考，而且考場紀律也很嚴肅，想要胡混過關或者作弊過關可不容易。違反了考場紀律，後果會很嚴重！

說起大宋公務員招考的考場紀律，首先是對號入座，也就是考生要按照放榜規定的考場、考號入場就座，參加考試，不能隨便調換位置。

其次，考試規定在白天進行，不許晚上點上蠟燭繼續答卷，以免考生借著昏暗的燈光作弊。再次，考生和主考官有關係的要另設考場單獨考試，就連錄取名額都是單獨規定的，稱為別試或者別頭試，以避嫌疑。

除了這些考場秩序和紀律的制度安排之外，對考生行為當然也有要求：帶資料、打小抄、傳紙條、找人代考當然都是不可以的。例如挾帶，除了大宋官方指定的參考書《韻略》之外，嚴禁攜帶其他書籍資料，否則當即請出考場，至少一屆或兩屆不得參加科舉考試，後來甚至加重處罰，五屆不得應考。還有傳義（遙口相傳或傳遞文字），不管是口頭指點還是寫紙條給別人，都會立刻被取消考試資格，不准再參加考試。至於代考就更不可以了——凡是發現代考的，本人終生不得再參加科舉考試，更不能做官。

就連相關人員都要受連累：考生報名參加考試的證明人知情的四屆不准參考，不知情的也要兩屆不得參考。還有受賄協助代考者的，當官的罷免，待崗的喪失三次上崗機會，推薦人五屆不准參加考試。

大宋公務員考試三年一屆，稱為「三年大比」。動輒兩三屆或四五屆不准考試，一耽誤就是數年、十數年光陰。因此這種懲罰不可謂不重，對於讀書人來說不啻於斷送了政治生命，實在是很可怕的。

科考一成功，從此官路通

考試如此艱難，又有這麼多危險，不過您行得正坐得端，一路過關斬將通過解試、省試加殿試，成了一名光榮的大宋朝進士，前途也就一片光明了。殿試之後錄取的進士，前期分為三甲，後來又分五甲。

進士五甲，一二甲為進士及第，三四甲為進士出身，第五甲最差，也算同進士出身。各甲名次排定，就要進行唱名賜第了。屆日，皇帝帶著宰相和相關大臣們來到崇政殿（宋神宗之後是集英殿），封好的試卷已經被放在御座旁，專有官員按照事先擬定的名次拆開試卷，交給中書侍郎和宰相觀看。於是兩人同觀試卷，照字唱名，逐個宣佈當科進士。這就是唱名，又叫作「傳臚」。又據《宋會要》，皇帝也有親自唱名的，宋太宗趙光義就幹過這個「特別嘉賓」的活兒，以示對進士們的恩寵。

唱名完畢，進士們就算是及第的及第，出身的出身，同出身的同出身，不再是一介布衣，而是朝廷命官，堂堂大宋公務員了。不過科舉考試雖然結束，後續活動卻還有不少。進士們還要吃一頓飯，謝一次恩，搞一番慶典活動。

吃飯吃的是皇帝的賜宴，也就是瓊林宴（不過南宋臨安沒了瓊林苑，只好在禮部貢院裡賜宴，估計也只好叫「禮貢宴」了）。謝恩要向皇帝謝恩，叫作「朝謝」。至於接下來的慶典活動，包括祭拜孔子、孟子等聖賢先師，進士們互相團拜分個尊卑長幼，還得立題名碑石，造同年小錄等等，好不熱鬧。

不過考進士當然不只是為了熱鬧這麼幾天，更重要的是做官。在整個大宋朝，科舉進士前四等基本上立馬就封官：狀元最大，可以做到將作監丞（從八品）或大理評事（正九品），榜眼和探花也可以做大理評事或者到地方去幹個文祕工作鍛鍊鍛鍊。剩下的一甲進士及第者全有官職，好的時候甚至直接去當知縣，以下各等也都能分到個工作。只有第五甲要「守選」，也就是等著考核，考核通過有了空缺才能正式工作。

從進士出身當上的官，升遷很快。宋太宗太平興國二年（九七七），呂蒙正中狀元，他六年做到副宰相（參知政事），十一年做到宰相（中書門下平章事），當時他才四十二歲，簡直如同坐上了火箭。而且大宋朝的公務員中進士絕對占大多數，宰相和副宰相更幾乎十有八九都是進士。

僅憑這一點，要想當大宋公務員，而且要幹出點樣子，就非考中進士不可！

長知識——「老明經」與「少進士」

在王安石變法之前，宋代的科舉考試沿襲唐制，除了進士科，還有明經科。進士科主要考詩賦和策論，難度大，錄取比例低，但一旦考中就是科班出身，是文官集團中當之無愧的「績優股」，仕途上升空間更大。明經科主要考試儒家經典，先筆試，再口試。明經考試及格，也能進入文官系統，但由於考試難度低，錄取比例大，明經科的文憑並不太受歡迎，仕途的上升空間也相對狹窄。所以，一般有志向的讀書人都以進士科為奮鬥目標。唐代就有「三十老明經，五十少進士」的說法，意為三十歲中明經科都算太晚了，五十歲考中進士那都是正當年的青年才俊！

十 門第決定官身，庸才也能入仕

——有種特權叫蔭補

在古代，讀書科舉考公務員是個辛苦活兒，熬過「十年寒窗苦」能混個進士已經算十分幸運了。想想范進屢敗屢戰，考了幾十年才考中舉人，就知道科舉的不易。在宋朝雖然有「特奏名制度」（即經過五次或者更多次科舉不第，或者達到一定年齡——通常貢舉是五十歲，諸科則要六十歲，就可以賜予進士出身或同進士出身），但能夠如此幸運已經是少數，而且等當了官，頭髮鬍子也都花白了，官宦子弟怎麼熬得起？沒關係，官宦子弟不用怕，只要家庭好——出身於特權階層，從來就不愁當不上官。

大宋好家庭：官員、宗室、皇親

古人當官除了建功立業、拜將封侯的追求之外，也是為了封妻蔭子、光耀門庭。這裡的封妻是讓妻子得到朝廷認可，成為有品級的貴婦人；蔭子就是蔭佑子孫，讓他們獲得「蔭補」的機會，可以繼續做官。蔭補實際就是家族繼承制，把官位作為財產傳承下去。

在大宋朝，什麼樣的家庭才能讓家族成員通過蔭補當上公務員，吃上公家飯呢？當然，首先這位家長自己必須是官員，或者是皇親國戚，和大宋皇族沾點邊。不過，也不是所有的官員和趙家的三親六故都有資格為兒孫後代申請蔭補的機會。要想為家裡人求官，這位家長至少得達到一定的官位，或者做出一些特殊的貢獻、有特殊的身分地位才行。

關於官位，當然是越高越好。宰相、使相（一種名譽虛職，與宰相平級，但無實權）、樞密使等這些大官不必說了，文官最不濟也要做到員外郎（寄祿官朝奉郎以上，正七品），而且還要有職事，不能是散官或寄祿官這樣的虛銜；武將則要在諸司副使、提點刑獄（寄祿官銜為武德大夫到武翼大夫，正七品）以上。簡單地說，只要這位家長品秩在正七品以上，而且又有一定的職務，就大有機會為家人（兒孫後代、侄子侄孫，甚至有時僕役家將都算）爭取到蔭補的機會。

至於皇帝家的三親六故就更不必說了。皇帝、親王的兒子、女兒們才生下來，還在繈褓之中就可以封官、賜爵，他們再有了孩子，同樣可以獲得蔭補的機會。別說皇家宗室子女了，就連皇帝的外姓長輩、姻親以及皇帝的大小老婆們，還有這些后妃的親戚和親戚們的孩子們，也都能獲得蔭補，討個一官半職。

大宋朝剛開國，趙匡胤當上了皇帝，但是這時他的生母昭憲太后杜老太太的兄弟們，還都只是布衣身分，連個一官半職都沒有。但人家有了個當皇帝的外甥啊，這就足夠了。於是他們奉召來到京城，老大杜審瓊封左龍武大將軍，老二杜審肇封左神武大將軍，老三杜審進也封左武衛大將軍，由朝廷在京城給買下豪宅，領著退休金享起清福來了。再如宋仁宗有個美人尚氏得到了寵幸，她的家人也都平步青雲——她老爸當上了右侍禁（皇帝的宮廷侍衛官），她的兩個堂叔也都當上了右班殿直（低級武官寄祿官）。如此看來，在大宋只要生在這幾種家庭，當官絕不是問題！

年年有恩補，人人有機會

有了好家世，官宦子弟當官也很容易。但是除了皇室宗親，其他家庭好的「家長」要在什麼時候能為家人申請蔭補呢？又會不會發生名額有限、狼多肉少的情況？

別擔心，大宋官宦子弟這樣當官的機會實在是多。就說官員們，趕上皇帝過生日可以申請，國家舉行郊祀（在郊外祭祀天地）大禮或者明堂（國家舉行祭祀、朝會、典禮等儀式的建築）大禮可以申請。此外，官員退休、去世，到邊遠地區任職，為國捐軀，也都可以申請。

古時候皇帝的生日叫降聖節或者千秋節，不過每個皇帝生日的叫法都不同，例如宋太祖趙匡胤的生日叫長春節，宋太宗趙光義的生日叫壽寧節，宋真宗趙恆的生日叫承天節，而宋仁宗趙禎的生日叫乾元節。

皇帝每年都過生日，於是每年都有大批官員可以為兒子、孫子、侄子甚至外甥等遠親要官，而只要他們達到條件，國家就會照規定賞他們相應的官職——這就叫恩補，是皇帝施恩賜予的蔭補機會。

郊祀或者明堂的大禮是三年一次，到時候也照例有恩補。國家搞大型活動嘛，給大家個當官的機會，也算是福利。還有官員外放到邊遠地區當官，皇帝登基時外地官員上表祝賀，也都可以獲得蔭補，這大概是因為邊遠地方官沒人愛幹，所以額外給點好處，鼓勵鼓勵吧。

到了官員退休（古時候叫致仕）的時候，又可以申請蔭補了。咱為國家工作了一輩子，送個兒孫晚輩來接班也是理所應當的嘛！例如按照宋仁宗時的規定，從七品以上官員退休，可以補子一人為官，如果沒有兒子，那麼兄弟、侄子、孫子也可以，只是要降低等級。不過，關於致仕蔭補有一個規定，就是退休官員必須親自接受蔭補敕令，該敕令才能奏效，受益人才能得到任命。這就造成了問題。

宋仁宗時候的榜眼廖子孟退休後生了大病，眼看要死了。廖子孟有個小兒子，才五六歲，廖子孟想讓這個兒子得到蔭補名額，但送達敕令的官員遲遲不到，廖子孟就那麼苦撐著，說什麼都不肯嚥氣。直等到敕令官到廖子孟床前，他竟然坐了起來，伸雙手接過敕令，然後才重新躺下，一命嗚呼。

品級較高的官員，退休可以為家人獲得蔭補機會，等到人要死了，還可以最後申請一次，這叫作「遺表蔭補」。像北宋初年的大將曹彬和樞密使王繼英去世時，都有十幾甚至幾十個親戚家人得到蔭補。

前面說的這些蔭補機會，「皇家人」當然都有，而且還不止這些。例如皇帝后妃，作為皇帝的大小老婆們，她們獲得蔭補的機會更多，而且名目也複雜，讓人羨慕。除了正常的聖節、大禮和遺表等蔭補（后妃不會退休，所以沒有致仕蔭補）之外，她們給皇帝生下龍子龍女可以獲得恩補，逐級晉封可以獲得恩補，被冊封為皇后可以獲得恩補，連皇后回家祭祀家廟，隨行的親人都有恩補。

此外，還有皇帝特事特辦給予的各種「內降恩補」，也就是反正皇帝說了算，說封官就封官了。前面提到的宋仁宗美人尚氏就是一例，而很多皇室宗族和宦官也憑著皇帝的寵愛和照顧要官，弄得大宋朝蔭補得官的情況都快氾濫成災了。

話說蔭補官：賺錢容易升官難

你也能蔭補，他也能蔭補，大宋朝以蔭補晉升的官員簡直太多了。這麼多蔭補官，其中當然免不了各種官宦子弟，他們怎麼能勝任需要實幹的國家公務員崗位，又怎麼能真正擔當得起重任呢？何況官宦子弟個個都當官，漸漸身居高位，又讓那些通過科舉考試，當上大宋公務員的學霸們情何以堪？

沒關係，蔭補實際就是個家庭繼承制度外加接班制度，當上蔭補官只是成了吃公家飯的人，靠大宋國家財政生活而已，要賺錢容易，要真正升官做大事，那還難了點。

話說當上了蔭補官並不是一勞永逸，也不是就能選官任職，擔任有實際職務的職事官了。前面說過，宋朝前期有散官，後期有寄祿官，都只是官品等級，不是實際職務。蔭補官就是這樣的散官和寄祿官。他們要想「出官」（出任官職），還得參加考試——叫作銓試、呈試，後來還有簾試。這些考試雖然比科舉簡單，但對蔭補得官的官宦子弟同樣是很難跨過的門檻，考試最嚴厲的時候甚至要淘汰三分之二的人選，這些人就無法「出官」，只能接著領薪水了。

不過就算「出了官」，蔭補官也還是比科舉進士們低了一等，任職、升官都要受到限制。人家經過正式科舉考試的進士們那叫「有出身」，一開始當官的起點就比蔭補官要高，升遷也快。比如進士可以直接當知縣，但是蔭補官就不行，因為沒職稱，而且這種官來路「不正」，能力和水準都讓人懷疑，所以就是沒資格。

再說升官，「有出身」的科舉公務員可以跳級，「無出身」的蔭補官就只好按部就班，一級一級熬年頭、混資格。而且蔭補官升到一定程度就等於混到了頭，再沒什麼指望；有些職位也不會授予蔭補官，比如直學士、學士這樣的官，只有進士出身才可以當。人家那是講學歷資格的！

由此看來，靠蔭補當官好是好，卻也有弊端。大宋朝分明是搞「職業身分歧視」嘛！身為官宦子弟，有個好家倒也不怕，但難免也會羨慕那些學霸級的「正牌公務員」啊！

長知識——宦官也蔭補

在宋代，不但文武官員的後代可以享受蔭補制度，就是宮中的宦官一樣可以蔭補自己的養子。趙匡胤就曾規定：年滿三十且自己沒有養父的宦官，就可以認領一名養子承嗣。而宦官的養子蔭補為官，也有一套流程和制度：正八品以下的宦官，其養子可以蔭補為下班殿侍、三班差使等無品武官或者內侍省宦官（無品宦官）；正八品以上的宦官，其養子可享有等同於同品級武官後代的蔭補權。

十一 發明節日也要放假——汴梁假日很悠長

在大宋當公務員，社會地位高，工資福利好，升職空間大……這些不用說，僅僅假期一項，已經夠令人羡慕嫉妒恨了。大宋朝光是黃金週就有三個，還不算各種各樣的節慶假日，全體公務員公休。病假、事假、婚假、喪假……大宋朝同樣個個不缺，而且時間長、範圍廣，還基本都是帶薪的。

制度：公休不多節日多

要說大宋公務員的休息和假期，就不能不先說公休日。咱們今天的公休參照的是西方，每週週末休兩天，俗稱大禮拜。古時候沒有一週的概念，但官員們也要休息。

據記載，秦漢時候官員每五天休一天，稱作「休沐」，就是休息沐浴。大概官員們工作忙，不休息的時候連洗個澡都沒時間。

到了唐朝，政府公務員工作不那麼忙了，不上朝、不值班的時候就可以回家，因此也就不用休那麼勤，於是改成了十天一休，叫作「旬休」，即每旬有一個休息日。宋代繼承了唐朝的這一制度，全體公務員實行「旬休」，每月十日、二十日、三十日（遇小月進則為二十九日）休息。

說實話，十天休一天在現代人看來的確不算多，每三十天（或二十九天）才休假三天，比起我們每月休息八天來實在是差得遠了。不過考慮到除了一部分中高級官員基本每天上午都要上朝，各級官員們可以輪流值班，不需要值班的官員下午基本就可以回家了，那麼每月休息三天似乎也就足夠了。何況大宋朝雖然公休不多，但涉及節慶的法定假日卻實在是多。就說黃金週，大宋朝一年之中有冬至、春節、寒食三個「大節」，全都可以休息七天，雖然這七天中有兩天可能要值班辦公，但也已經很寬鬆了。

不僅「黃金週」，大宋公務員還過「三天小長假」，如上元（即正月十五元宵節）、夏至、中元（七月十五）和臘日（即臘八節）都可以休息三天，是為「中節」。此外還有正月初七人日、二月初一中和節、春分、春社（為祭祀土地之神的節日，在立春後的第五個戊日）等十七個傳統節日和節氣，再加上十月一日授衣日（就是給官員們發放錦襖——工作服冬裝的日子）共十八天，也都分別放假一天，稱為「十八小節」。

「大節」「黃金週」二十一天，「中節」「三天小長假」十二天，「小節」十八天，再加上全年「旬休」三十六天，這樣算下來大宋公務員一年的休息日已經達到八十七天，應該說是相當可觀了。

創新：發明節日也放假

如果大宋朝只有這八十七天假期，當然算不上什麼。不過事實不會這麼簡單，人家大宋朝那可是「沒有節日，創造節日也要過」的朝代。

歷朝歷代皇帝的生日都算是節日，簡直要普天同慶，官員們怎麼會不放假？所以說，像趙匡胤的長春節、趙光義的壽寧節，宋真宗的承天節，宋仁宗的乾元節等這些日子也要放假，而且皇帝的「降聖節」怎麼能馬虎？至少放三天，和前文的四個「中節」一起，算作「五中節」。

光是皇帝生日還是不夠，皇帝們自己還要創造節日。這裡就不得不提到一個人，他就是宋真宗趙恆。此人可謂是「大宋節日第一發明家」，他創造性地「發明」了五個節日。

原來，宋真宗景德二年（一〇〇五），宋遼簽訂了澶淵之盟，大宋年年要貢給遼國歲銀十萬兩、絹二十萬匹，丟盡了顏面。宋真宗為了粉飾太平，鞏固自己和趙氏家族的統治地位，親自導演了一場「東封西祀」「天書下降」的鬧劇。在大中祥符元年（一〇〇八），「天書」三次下降人間，甚至「聖祖」（據說是道教真人，又是趙家先祖）也降臨塵世，來給宋真宗勵志，把他美化得真跟「受命於天」似的。

不過光是演這樣一齣戲可遠遠不夠，要讓子孫萬代都記得這件事，最好的辦法當然就是辦成節日，大家到時候就過節，吃喝玩樂加慶祝，自然不會忘記了。於是，宋真宗根據三次「天書」下降和兩次「聖祖」顯聖的時間發明創造了五個節日，分別是天慶節（正月初三）、天祺節（四月一日）、天貺節（六月六日）、先天節（七月一日）和降聖節（十月二十四日）。有節日當然要放假，「天書五節」中的天慶節、先天節和降聖節最初放假五天，後改為三天，天祺節和天貺節各放假一天。

在宋真宗之下，宋徽宗趙佶可謂是「大宋節日第二發明家」。他發明了六個節日，不過這六個節日大多都是模仿宋真宗的，談不上有多大創新，所以他只好屈居第二了。

趙佶的六大節分別是：天應節、真元節、寧貺節、元成節、天符節和開基節。這六個節日中，天應節（十一月五日）和開基節（正月初四）分別休假一天。這裡最值得一提的是開基節——它是大宋「國慶節」，也可能是中國古代最早的以國家建立之日為慶典日的節日。因為正是在西元九六〇年正月初四那一天，宋太祖趙匡胤宣佈建立了宋朝。

大宋兩大「節日發明家」給自己和文武百官們創新發明了十一個節日，共增加了十三個休息日，還有皇帝們的「聖節」三天。這樣，大宋公務員們的年休日已經超過了一百天！

人性化：婚喪病事都給假

不過一百天似乎也不算多，還不如我們今天一年的公休日。別急，大宋朝還有其他各種各樣的休假，再算下去，可以休息的時候多著呢。

還是宋真宗，這位酷愛發明節日的皇帝同樣喜歡給官員們過節的機會。比如在大中祥符五年（一〇一二），宋真宗下詔「詔自今伏日並休務」，三伏天都可以放假了。這個規定似乎沒有貫徹宋朝始終，不過光是宋真宗剩下的在位時間也很驚人了——每年多放假三四十天，而且是在酷暑難當之際，實在是爽！另外，宋真宗還很有人情味，京官要出京外放或者出使的，同僚們可以放假一天去送行，讓大家喝一場踐行酒，痛快一番。

當然，上面說的這兩條都是特例，可以不算。但大宋朝的婚喪病事假可都是明文規定的，而且相當有人情味。就說結婚吧，咱今天只能是自己結婚請婚假，逢上家人親戚辦這種人生大事，只能趕休息日赴個婚宴，否則就要請事假了。再看人家大宋，公務員自己結婚給假九天，兄弟姊妹和兒女結婚給假五天，堂兄弟姊妹三天，堂侄（女）兩天，就算是堂侄孫（女）、曾孫（女）都有一天。

喪假也是一樣，不是自己的直系親屬也都有相應的假期。而如果是父母亡故，那時間就更長了——文官的父母去世，要守孝三年，這三年可以離職，不用上班（不過這種不上班可沒工資）。武官也至少有百日假期，上不上班隨便。

再說病假。宋代公務員大概小病不算病，有個發燒感冒之類都不會請假（其實想想也是，平時假日那麼多，下午一般還不用上班），不過如果真是病得嚴重，也還是要治療。所以宋代的病假叫作「尋醫」，而且一給假就是一百天（帶薪的）！一百天沒治好？沒關係，可以續假，接著治療（這次不帶薪）。只要這位請假的公務員的確生了病，沒被查出是「詐疾病有所避」，就可以慢慢享受「療養人生」。

對於事假，大宋朝前期基本沒什麼規定，大家都可以隨便請假。直到南宋高宗紹興年間才有了限制：三年可以累計請假兩個月，兩年可以請假一個月，但一年內不准請假（有點像今天的年假制度）。

除了這些人生大事，大宋公務員上任之前有上任假（大概是為了給長途跋涉到外地當官做準備），定期還有探親假（根據路程遠近，時間長短也有所不同），皇帝生了皇子、娶了妃子一高興也會放假，功臣立下大功、將軍凱旋也難保不度個休閒假……總之，各式各樣的假期，花樣多了去！

前面說的這些假期既不固定，個人情況也不相同，不過能讓大宋公務員切切實實享受到國家福利倒是真的。照這樣算來，大宋朝雖然法定的公休、假日不算太多，但加上各種特定假期和個人因婚喪病事的請假，一個公務員一年休個半年似乎不會有什麼問題。

看起來，大宋真是個「假日時代」。要想享受悠長的休假，到宋代去絕對是明智的選擇！

長知識——酒稅很重要

對於宋代人來說，酒水是飲品，是禮品，也是祭品，更是節日裡烘托氣氛不可缺少的東西。比如年節時要喝屠蘇酒、椒柏酒；端午節時要喝艾酒和菖蒲酒；重陽節要喝菊花酒等等。因為節日眾多，所以宋代的酒水交易量也非常可觀，榷酒（酒水政府專賣）的收入在宋代的財政收入中高居第三位，僅次於兩稅和食鹽專賣，是大宋ＧＤＰ的重要組成部分。

十二 朝廷政策好，官員待遇高
——如此高薪，謝主隆恩

大宋朝的官員能賺多少錢？他們的工資福利待遇怎麼樣？有沒有其他收入？總之一句話：在大宋朝當公務員收入水準到底怎麼樣？

當官就賺錢，生活有保障

小到一個家庭的組建，一個公司的創立，大到一個國家、朝代的開創和興起，都有一個白手起家、艱苦創業的過程。所以，要說起趙匡胤剛剛建立大宋朝和宋室南遷、宋高宗在臨安建起南宋政權的時候，大宋公務員的收入的確不算高。北宋剛開國時，一個縣令每月的工資不到十貫錢，只能「粗給妻孥，未至凍餒，然艱窘甚矣」。

那日子過得夠寒酸的。而趙構剛逃到江南的時候立足未穩，又要和金國交戰，發工資也成了問題，一度只給文武百官們三分之二的工資，宰相甚至要扣掉一半，也真是讓大家心裡委屈。

不過國家總在發展，生活也總在進步。一旦條件好了，廣大公務員們當然是首先要給予利益保障的那一部分人。而這種利益保障，最基本的就是體現在俸祿，也就是工資和各種補助、福利待遇上。

大宋朝在絕大多數的時間裡，對全體公務員——不管是虛職還是實職，散官、寄祿官、祠祿官、貼職還是職事官，統統發工資，而且基本能夠保障生活。

大宋公務員的基本俸祿——姑且叫作基本工資吧，自從元豐改制之後就一直是由寄祿官決定的。您可以這樣理解：大宋公務員的基本工資只論行政級別，不看具體職位。也就是說，只要當上了公務員，有了行政級別，就有工資拿。

那麼這份基本工資大約有多少呢？根據元豐年間的俸祿標準，文官中最高等級的開府儀同三司月入一百貫，特進為九十貫，以下的金紫光祿大夫、銀青光祿大夫和光祿大夫大概有六十貫……到了最低等的從九品承務郎差距更大，月薪才七貫。看到這裡，您可能覺得，還說大官工資高，一百貫也沒多少錢啊！好吧，其實真正的大官工資並不受寄祿官等級的限制。比如節度使工資每月四百貫，宰相三百貫，樞密使、參知政事為兩百貫，都不是按照品秩計算的。

此外，基本工資不僅有錢，還有糧食（祿粟）和衣料（衣賜），也都是按照官職的高低分成不同等級的份額，逐級分配的。這其中的衣料，主要有綾、羅、絹、棉，是發給官員們做官服（朝服和禮服）的，綾、羅只有中高級官員和部分武將才有，絹、棉則統一發放。

補助多樣化，照顧很周全

光是本俸（基本工資）還算不得什麼，而且低等官員的本俸很低，有的還不到十貫錢。但是本俸之外，大宋公務員們還有各種額外收入和補助，也都非常可觀，甚至高過工資。這些名目繁雜的額外收入和補助之中，最重要的是「添支」（也叫職錢、貼職錢，宋代官員額外收入不同時期和用途的叫法）。例如職錢是元豐改制時增設的，替代之前的添支，發給除了館閣職務之外的在京官員，相當於職務工資。這份工資很高，開封府尹每月都可以賺到一百貫，至少也有八十貫，就連正九品太常寺奉禮郎也有十六貫，比他的基本工資（八貫）高了一倍。

職務工資這麼高，為什麼大學士、直學士、學士們沒有呢？因為他們還發添支錢（後稱貼職錢），而且絕不比職錢少，並額外補助糧食米麵和衣料，算是對知識份子、專家學者的優待。此外，不在京的官員們不給職錢，而是分職田——根據職務的高低和管理州縣的大小配給相應面積的土地，從中分租，獲得糧食或者變現。

大宋朝實行的添支、職錢、貼職錢，實際上等於給有職事的官員們加了雙薪，難怪他們要千方百計爭取到「出官」，那可是多拿一份工資，甚至比基本工資多幾倍啊！

多了份職事，不光是錢可以多拿，其他方面的東西也可以多得。

大宋朝對在職公務員們可以說照顧得無微不至，周到異常。除了發放貨幣之外，還有米、麵、羊（這在大宋可是好東西）、傔人餐錢（隨從的伙食費）、馬芻粟（馬匹草料）等，甚至連酒、茶、炭（用來取暖）都給，而且還是制度性的，標準明確，不能任意取消。

該發的實物也發了，補助也有了，但還不夠。大宋公務員們還可以享受誤餐費（餐錢）、飲料費（茶湯錢）。這兩筆錢前者從國初就有，是給京官的，多的（如宰相）可以有五十貫，少的也有兩三貫；後者為南宋所定，專給外官，用來補貼職田的不足——對沒有職田或者職田收入未達到十一貫的，補足十一貫。

大宋朝之所以給他們又是發錢又是發東西，一方面是為了讓大家有個好生活，衣食住行有保障，能夠專心為朝廷工作，為皇帝賣命；另一方面也是為了高薪養廉。宋高宗趙構在決定給外官發茶湯錢的時候就說：小官們到外地去工作，很多都沒有職田，或者雖然有但卻沒達到標準，每月只能得到三五貫錢，這樣子怎麼能養廉呢？趙構對小官們還真是體貼。

賞賜成慣例，官員都有份

當然了，皇帝們最體貼的還是那些身居高位的大官——他們才是最能給皇帝創造價值，也最不讓皇帝放心的人。依照大宋朝開國皇帝趙匡胤的理論，對這些人就應該給他們多多發錢，令他們人人都能過上快活逍遙的日子。在大宋朝的各個階段有「公用錢」、「公使錢」、「供給錢」等名目，本來都是用來招待過往的外國使臣、朝廷使節、巡查官員和各種因公路過官員們的。但是這筆錢分撥給各級官員，實際上成了他們的私人小金庫。對這種情況，大宋朝廷和皇帝本人都是心知肚明，未曾試圖阻止或者改變。

大宋高官中拿到這筆錢最多的是使相兼節度使，曾經一度達到每年兩萬貫，節度使則為一萬貫，較低等的知州也有五百貫。後來，大宋政府雖然縮減了這部分開支，但各級官員們得到的這種「類灰色收入」依然可觀——知縣和縣丞每月都可以有十五貫，每年就是一百八十貫，又相當於把工資翻了一倍。

小金庫之外，大宋高官們另一項「正大光明」的高額收入，是皇帝給的賞賜。三年啦，皇帝又要親自主持郊祀大典了。在京大小官員大發橫財的時候又到了。原來，每逢三年一度的郊祀，皇帝都要例行賞賜隨祀官員，而且賞格很高，賞金極為誘人。

根據慣例，得到皇帝賞賜最多的是親王，賞銀兩千兩，衣料兩千匹，外加銀鞍、勒馬。如果某位親王同時還兼任開封府尹，那就再加銀一千兩，絹一千匹（這是擔任職事才有的，所以還是「出官」好）。親王以下就是宰相、樞密使了，他們也有賞銀和衣料各一千五百兩（匹）以及銀鞍、勒馬，如果充任大禮使還能加五百兩。地位級別繼續降低，賞賜也就越來越少，不過多少都是肉，總夠嚼兩口，至少還能喝點肉湯嘛！

過了郊祀，其他的祭祀或者慶典活動也都值得期待，而且賞賜也都不少，這樣一年一年算下來，又是一頓頓「野草」、一筆筆「橫財」，讓大宋官僚們想不肥得長膘、富得流油都不可得了。

各種活動的賞賜是「例賞」，參與者「人人有份、利益均沾」。如果能得到皇帝的歡心，還會有「特賞」，那可是獨享的了。宋太宗、真宗時，名臣李沆剛剛當上右補闕，太宗即下令「賜錢百萬」，又因為「沆素貧，多負人錢，別賜三十萬償之。」當了官給賞錢，甚至由國家動用國庫幫忙還帳，這樣的好事哪裡找？後來李沆當上了宋真宗朝的宰相，一次突發疾病，宋真宗親自去看他，還送了五千兩銀子給他看病，可謂親厚。不過可惜，當天李沆就死了。

李沆臨死發了一筆「橫財」，和他幾乎同時的名臣王旦、馮拯、王欽若死後也都獲賜銀五千兩，給家人留下一大筆財富。另一位太宗、真宗朝的名將戴興，因為平定蜀地有功，獲銀萬兩，並且每年還另加給用錢一萬貫，一下子闊了不少。像這樣的例子在南北兩宋著實不少，很多官員因此「一夜暴富」。

長知識——大宋宰相年薪幾何

一篇短文說來說去都是宋代貨幣，您可能對宋代公務員的工資還是沒有一個概念。那麼，讓我們做一下簡單的換算，看看大宋公務員的工資放到現在有多少。大宋宰相每月基本工資三百貫（約四十萬台幣），職錢差不多也是三百貫，還有添支（學士補貼）五十貫，餐錢五十貫，即每月共有七百貫，一年就是八千四百貫。此外三年一次的郊祀賞銀一千五百兩，折合一千五百貫，每年又有五百貫。

除了現金工資，還有每年分得的糧食、衣料、隨從伙食費、羊、酒、茶等，都可以折現。酒茶不算，其他每種都不下百萬。例如隨從伙食費一項，按照一百人每人每月三貫計算，每年就是三千六百貫。一名宰相，即使不算皇帝的特別賞賜，年薪也在萬貫以上！

十三 禁軍教頭在此，禁軍在哪兒

——武將地位有點低

《水滸傳》中「豹子頭」林沖還未落草梁山的時候，有一個響噹噹的名號，叫作「八十萬禁軍教頭」，聽起來真是威風凜凜。

事實上，當時北宋禁軍的確有八十萬，但其中像林沖這樣的教頭少說也有二百六、七十位，更別說還有三十位都教頭——林沖根本算不上什麼人物！

其實何止林沖這「八十萬禁軍教頭」算不上什麼人物，就連那些高級將領們在北宋政壇也沒有太大的發言權。他們名義上是武將，卻沒有自己的直屬部隊，這就是北宋軍事管理制度最大的特點——「兵不知將，將不知兵」，難怪大宋朝的軍隊敗仗打了不少。

天下軍權歸皇帝

要想說明宋朝的軍隊為什麼會「兵不知將，將不知兵」，就還得嘮叨一下大宋朝開國皇帝趙匡胤。

趙匡胤有鑑於五代時期武將專權和自己「黃袍加身」的故事，專門搞了個「杯酒釋兵權」，把一幫功臣的兵權全都「收歸國有」，送他們回家享清福去了。接著，趙匡胤又定下了「重文抑武」「重文教、輕武事」的基本國策，把大宋朝建設成文官的天下，最大限度地降低了武官造反的風險，實現了「長治久安」。但是大宋朝不可能沒有一兵一卒，不然皇帝和他的一大家子人誰來侍衛，大好河山又由誰來保護呢？然而有了兵就要有將，軍隊總要由軍官統領和指揮，這怎麼辦呢？

面對這種情況，趙匡胤費盡心思、絞盡腦汁採取了一系列措施，設計了一整套制度，最後只為了一個目的，那就是防止武將作亂。趙匡胤的弟弟、大宋朝第二位皇帝、宋太宗趙光義一即位就說：先皇當了十六年的皇帝，「事為之防，曲為之制，紀律已定，物有其常，謹當尊承，不敢逾越」——意思就是說：我哥哥處處提防，小心制定政策，已經指引了道路，指明了方向，今後咱們就「按既定方針辦」，準沒錯。

趙匡胤發了話，趙光義表了態，後世的皇帝們當然要跟著走。於是，趙匡胤設計的軍事制度、軍隊管理辦法和戰時調兵遣將的作戰方案就成了既定國策，被「堅定不移」地執行了一百多年。由趙匡胤親自設計的這套軍事制度，最主要的目的就是「天下兵權歸皇帝」，因此它的首要原則就是除了皇帝，誰都不能有絕對的統兵權。為了確保遵循原則，達到目的，趙匡胤採取的辦法是把調動軍隊的兵符交給樞密院，但是不給他們兵；把兵交給三衙（包括殿前都指揮司、侍衛親軍馬軍都指揮司和侍衛親軍步軍都指揮司）管理，卻不給他們調動軍隊的權力；在軍隊要執行任務時，又臨時委派武將去統率，任務完成，使命也就結束，武將不再有統率之權。

這真是個好辦法！正因為有了這個辦法，樞密院、三衙和率臣（臨時統率軍隊的武將）都只能各自分管大宋軍事的一部分職能，誰都沒有完全掌握一支軍隊的權力，更別想私自調動軍隊幫自己幹壞事。正因為有了這個辦法，使後來的大臣范祖禹敢說「此所以百三十年無兵變也」——事實也正是這樣，終大宋三百年也沒有出現幾次像樣的兵變，能夠裂土稱王，與趙宋王朝爭奪天下的軍事叛亂更加沒有。天下的軍權，大多數時候還是掌握在大宋皇帝手中。

臨時組團去打仗

但是皇帝一個人掌握了軍權，不等於他也能一個人訓練、管理和指揮天下的軍隊。一旦有了戰事，讓皇帝一個人帶兵打仗更不可能。平時駐防操練，戰時出征打仗，還是要靠武將。

各地（尤其是邊境地區）不能沒有兵，有兵不能沒有將；但是地方兵力強盛了皇帝會擔心，武將長期在外帶兵皇帝會更擔心。這個矛盾怎麼解決呢？趙匡胤早就想好了對策！

宋代國家的主要精銳部隊是禁軍，也就是皇帝的親軍。趙匡胤「杯酒釋兵權」之後，又「罷藩鎮，收其精兵」，把各地軍隊中的精兵猛將都抽調到禁軍中來，借此削弱了地方武裝，同時也使禁軍成為大宋朝最強大的一支軍隊。但這還不夠，趙匡胤又把禁軍的主要兵力集中在東京城和周邊地區，使駐守京師的軍隊數量多於地方的任何一支軍隊，足以彈壓任何反叛；而駐守在京城的軍隊也被分為城內城外兩部分，並且週邊之外還有週邊，這些軍隊各自獨立，互不統屬而又互相牽制，相互之間勢力均衡，最終都被皇帝一人牢牢地掌握在手裡，為保衛皇權效命。這就叫作「內外相制」。

再說兵和將的矛盾。解決這個問題趙匡胤用的是「更戍法」。對「更戍法」最冠冕堂皇的解釋是：廣大戰士們啊，你們長久地駐紮在一個地方，難免會懶惰！而且讓你們總是駐守在邊遠貧困的地方，既不公平，朕也不忍心吶！再說了，咱當兵的人就是要艱苦奮鬥、勤學苦練，刻苦鑽研軍事知識，廣泛瞭解山川地理嘛！所以讓大家經常換換防，調動調動，也是對大家的愛護和鍛鍊嘛！

有了這麼充分的理由，大宋將士們當然不好推辭，只能「打一槍換一個地方」，東奔西跑、南來北往，每隔一兩年就要調防一次，疲於奔命。不過兵調將不調，武將們剛和這一批士兵混熟，他們就被「更戍」到不知什麼地方去了，又來了一批新兵。而且大宋朝對武將還有「轉員」制度，名義上是升官，但同樣是一升官就被調離原部隊，又到一個新地方，面對新的上司下屬去了。

有這兩種方法，就做到了「將不得專其兵」——武將們沒有自己親身訓練、指揮得力的軍隊，更談不上有忠於自己的嫡系，何談造反？

但也正因為有這兩種方法，同時也就造成了大宋朝「兵不知將，將不知兵」的局面——軍隊和將官之間互不瞭解，甚至誰都不認識誰。

那麼，一旦真的發生了戰事，仗要怎麼打呢？很簡單，兵是現成的，將也是現成的——「東市買駿馬，西市買鞍韉」，把兵和將湊在一起，臨時組個團，不就可以出征了嗎？

自毀長城為哪般

臨敵上陣，將官是從東邊差遣的，士兵是從西邊抽調的，甚至有時候軍隊統帥竟是文臣，更有甚者還有宦官（北宋末年的權宦，「六賊」之一童貫就做到了全軍最高統帥，並曾率軍對遼國作戰，吃了大敗仗），就算是高級將領，也可能是「環衛官」（即左右金吾衛等十六衛上將軍、大將軍、將軍等武散官），屬於手下無兵的空頭將軍，更加和士兵不熟悉。同時，將軍們帶兵出征、臨敵交戰不是自己說了算，而是受三軍最高統帥——皇帝的遙控（出征前，皇帝已經制定好行軍路線和作戰計畫，並且繪製出陣圖交給統兵官，他只要照章辦事就行）。這樣的將士組合，這樣的戰略戰術，戰鬥當然很難打得贏！

於是乎，自從北宋開國名將們漸漸凋零，趙匡胤的軍事制度逐步落實形成傳統，北宋軍隊的戰鬥力逐漸下降，對遼先後有高梁河、岐溝關兩場大敗，對西夏則先後有三川口、好水川、定川寨三場大敗。可以說，有趙匡胤這樣的「老祖宗」，定下這樣的「家法」，如此敗績毫不奇怪，要是能打勝仗那才稀奇了！

不過，大宋朝的軍隊也不是毫無機會重新強大起來。從北宋到南宋，大宋朝至少有兩次機會可能轉弱為強，恢復漢唐的榮光。這兩次機會一次是在宋神宗時期，王安石變法，同時改革了兵制，通過實施省兵法、將兵法、保馬法、保甲法等新制度一度革除了舊兵制的弊端。這其中最重要的就是「將兵法」。

將兵法又叫「置將法」，簡單地說就是給軍隊配備固定的統兵將領，讓他們平時訓練軍隊，戰時指揮作戰，使「兵將合一」。在神宗朝，范仲淹和蔡挺（北宋名臣，因抗擊西夏建功，曾任涇原路經略安撫使，官至樞密副使）曾先後試行將兵法，後由蔡挺推廣到全國。

將兵法一出，兵不再不知將，將也不再不知兵，軍隊訓練有素、指揮有方，戰鬥力得到了很大提高。范仲淹和蔡挺在對西夏作戰的過程中屢戰屢勝、收復失地，取得了較大的成功就是明證。而北宋中期的名將狄青，也正是這時候脫穎而出，成就了他的豐功偉績的。

但是王安石的變法最終失敗了，作為變法的一部分，兵制改革也受到了批評。將兵法因為不符合趙匡胤立下的「祖宗家法」，更不符合歷代皇帝對武官將領「事為之防」的原則，終於也「無疾而終」，隨著變法失敗煙消雲散、不了了之。

到了宋室南遷，趙構建立起南宋王朝的時候，大宋的兵制又發生了一次巨大的變化。經過南宋初年宋軍和金軍的一系列交戰，抗金將領的更替沉浮，最終形成了以各地屯駐大軍為主力的南宋軍隊。而各屯駐大軍將領也實際上成為自己所指揮的軍隊的最高統帥，擁有了對軍隊的控制權。到紹興五年（一一三五）時，保衛著趙宋王朝和金國對抗的，主要有五支屯駐大軍，他們是：

韓世忠的前護軍，兵力八萬人，駐淮東楚州（今江蘇淮安）。

岳飛的後護軍，兵力十萬人，駐鄂州（今湖北武昌）。

劉光世的左護軍，兵力五萬二千人，駐廬州（今安徽合肥）。

吳玠的右護軍，兵力七萬人，駐興州（今陝西略陽）。

張俊的中護軍，兵力八萬人，駐建康（今江蘇南京）。

這些宋軍主力加起來也有近四十萬，但是，趙構無心北伐，對統軍將領也始終懷著疑忌，到了紹興十一年（一〇四一），劉光世、韓世忠、張俊先後被罷免了軍權，吳玠病逝，剩下一個岳飛更被以「莫須有」的罪名殺害，五支屯駐大軍也就瓦解冰消，不復存在了。

趙構自毀長城，斷送了南宋最強大的武裝力量，大宋軍隊從此更加無藥可救。雖然後來又出現了幾位名將，但他們同樣改變不了南宋的命運，這個始終以防範武臣為第一要務的王朝，終於敗亡在北方的鐵蹄之下。

長知識——四個戰區

南宋初年，為了抵禦金軍南下，將其偏安一隅的國土劃分為四個戰區——四川、京湖、江淮、沿海，每個戰區任命制置使，作為戰區的最高長官。其中京湖戰區位於長江中游，聯繫著江淮和四川，是南宋抵禦金軍南下的咽喉要地，岳飛就曾出任京湖戰區制置使。

第三章

商品經濟是個寶，物質享受少不了

宋代經濟如同其燦爛輝煌的文化一樣，
在中國封建社會的歷史中佔有極其重要的地位。
在這個商品經濟漸趨繁榮的時代，
農業、手工業、商業、對外貿易都有了長足的發展，
創造了空前的財富和繁榮。
從統治階層到普通市民階層，
都形成了前所未有的消費享受之風。

十四

商業很繁榮，商人地位高

——行業歧視沒必要

大宋朝是文人治國，政治不強硬，外交很柔弱，跟周邊少數民族政權動起武來，敗多勝少，最後連天下都打丟了。可不管怎麼說，大宋朝有錢啊！

據不少專家學者的研究鑑定，當時的世界各國之中大宋經濟排名第一，論起這方面的實力，真是「我們先前闊得多啦！」。而這當年顯赫的身家最突出的表現就是商業繁榮，即使是在推崇「重農抑商」政策的古代中國，宋代商人的地位也大大提高，比起其他朝代很有些不同。

兩宋生意都紅火

大宋朝經濟好，當然首先是工農業發展得好——糧食產量沒得說：耕地最多時五億多畝，年人均口糧近六百斤，比很多「盛世」都糧食充足。而手工業也興旺發達：絲綢、棉麻等紡織品的生產不用說，還有瓷器行業、採礦冶煉行業、釀酒業、造船業。特別是造紙業、印刷業的興起和火藥的應用，給大宋經濟帶來不少新氣象，增添了經濟新動力。支柱有了，商業貿易自然就繁榮起來。大宋朝的商品經濟始終紅紅火火，汴梁、臨安兩大城市成了最紅火的商業區。

東京汴梁在北宋時是全國最大的貿易集散地和商業聚集區。汴河連接黃河，溝通江淮，作為交通貿易的樞紐地位自然不用說，汴梁又是京城，全國各地的好東西都被送到這裡來，物力人力彙集，理所當然地成為北宋，乃至當時世界性大都會和商貿中心。

曾幾何時，東京汴梁人口百萬、商戶眾多、街市繁華、交易不休，當真是熱鬧非凡。且不說御街、州橋一帶的鬧市區和晝夜接連的早市、夜市，就是東京街上隨處可見的酒樓、飯店、金銀鋪、珠寶鋪、小商品行、雜貨鋪、旅館等，都讓人目不暇接，還有專門的牛市、馬市、茶市、布市、勾欄瓦舍……簡直是應有盡有。不光商人們做生意，和尚道士們也來湊熱鬧。

當年花和尚魯智深掛單容身的大相國寺，每個月都要搞五次「萬姓交易大會」。這交易大會可謂是大宋朝的「萬國博覽會」，千年前的「世貿展」。什麼珍禽異獸、香料藥材、金銀珠寶、書畫古玩都有，真可以說琳琅滿目了。

到了南宋，皇帝南渡，全國的商業中心自然也就跟著一路南遷，來到臨安。那個時代，水泊梁山的好漢們是「若要官，殺人放火受招安」，商人們自然也是「若要富，跟著行在賣酒醋」。賣酒醋都能發財，何況天子腳下生意好做，到南邊「臨時安定」照樣不耽誤賺錢。

而那些跟著皇室搬遷來的貴族官員、士農工商們，還有趕到這個臨時京城湊熱鬧，找發家致富門路的各地商旅，把這座本來就已經是南方繁榮之地的都市擠了個人滿為患、水泄不通。繼汴梁之後，臨安也成為百萬人口大都市，商鋪林立、市肆遍佈，就連城外都興起了不少集市。這些集市貨物齊全、生意興隆，甚至比一些小城鎮還要發達。

在那些隨著宋朝皇室南遷的人中，有一位宋五嫂，她只會做魚羹，於是就靠著這門手藝維持著小生意糊口。但是這位宋五嫂很幸運，她遇到了遊湖的宋高宗趙構。微服出行的皇帝吃了魚羹很高興，大加贊賞，於是宋五嫂聲名鵲起，宋嫂魚羹也水漲船高，讓宋五嫂發了一筆大財。

賣個魚羹都能發財，何況那些做著金銀玉器、絲綢瓷器生意的大商人們，他們更是賺得缽滿盤盈，一發不可收拾了。

貢獻賦稅，國家收入多

商業發達了，首先得到實惠的是大宋政府。您想啊，大宋朝國土雖然不算大，但是政府可不小，要養活一大群官員，還有皇帝一大家子，再加上各級王公貴族和他們的家人，沒有錢怎麼行？就說軍隊，少的時候幾十萬，多的時候上百萬（禁軍加地方廂兵），這些軍隊全靠國家供養，軍費更是一筆巨大的開銷。所有這些不都要依靠稅賦維持？要不是大宋朝商業繁榮，經濟進步，又怎麼能維持皇室、官員和軍隊的龐大開支呢？

說起來，宋朝的商業繁榮為國家做出的貢獻可是歷朝歷代都沒法相比的。早了不必說，漢唐時候中國都是農業國，國家收入主要靠農民種地，然後徵收土地稅。唐朝雖然經濟發展，鹽鐵都有稅收，長安等大城市也很繁華，但農業之外的稅收依然有限，又怎麼能跟富有的大宋朝相比呢？

在宋代，國家向商人徵稅，最基本的有過稅（商品流通稅）和住稅（商品交易稅）。過稅是商品運輸途中徵收的稅賦，聽起來不多，才百分之二。但每過一個關口就要徵稅一次，要是商品運送的路程遠一些，多經過幾個關口，那麼最後這批商品繳納的賦稅就很可觀了。到了地方駐紮下來開始做生意，又要交住稅。住稅是百分之三，別管是自家產出的東西還是遠道販運來的貨物，統統要交稅，要給國家做貢獻。

這兩種基本的商業稅之外，沿海的對外貿易要收稅，在北方和西北邊境和遼、金、西夏等國做生意也要收稅，商船在江河之中運送貨物要收力勝錢，貨物過渡有河渡錢，到了城裡做起生意來又要收市利錢（相當於交易手續費），而商人不服役，因此還要交免行錢。這些各種各樣的賦稅哪一種數量都不少，都進了大宋政府的國庫。比如免行錢，雖然是附加在住稅之外的，而且小本生意也不用交，但就這一項有的年份，大宋政府就能收入上百萬貫銅錢，實在是一樁好生意。

據統計，宋仁宗在位時，大宋朝正是最為富裕的時候，某一年的商業稅收竟然高達二千二百萬貫，而平常的年份也都有幾百萬到一千多萬貫，在國家收入中占了很大的比重。

既富且貴，還能買官做

商業發展充盈了國庫，商人們自己當然也差不到哪兒。在北宋的東京，「資產百萬至多，十萬以上比比皆是」，那時候京城看來就不缺富翁，家資巨萬的一板磚下去準能砸倒一片。南宋更不用說，蘇杭一帶人間天堂，住滿了「快樂似神仙」的幸福大宋人——他們之中很多就都是靠做生意發家致富的。

有了錢自然就有了地位。咱老祖宗雖然講農業是本，歷來四民之中士農工商，商人總是排在最後。但賺的錢多了，情況理所當然就會變化。前面說過宋代的科舉制度規定「工商雜類人內有奇才異行、卓然不群者」也可以參加大宋公務員招考，混個一官半職。從這一條就可以看出那時候「當官面前，人人平等」，商人不光是有幾個錢，身分也不一樣了。

除了法律制度上的承認，有錢的好處多了。人都說封建時代是「官商勾結」，當官的歷來就喜歡和有錢人來往，這叫「門當戶對」。那些富商巨賈們當然就有了不少便利，和官員權貴稱兄道弟，廣交朋友；仗著財力雄厚「榜下捉婿」，買個文化人回來當女婿風雅一回；更有甚者，花錢給自己或者家人買個官當，以實現「小民的逆襲」，來個「華麗的轉身」。

宋真宗天禧元年（一〇一七），山東遭遇災荒，登州牟平（今山東煙臺牟平區）人鄭河大手一揮，贊助政府糧食五千六百石，成了大善人。做了善事要表彰獎勵啊，這鄭河沒別的要求，就想讓他弟弟鄭巽當個官。

宋真宗開始還不想答應，後來大臣勸他樹立個榜樣，好讓有錢人都能願意做善事，皇帝才點了頭，鄭巽也就成了補官。

給政府贊助能當官，不僅限於賑災做善事，出錢出糧充實邊防，幫政府修橋補路，貢獻物資都行，而且漸漸成了制度，明碼實價。到了趙佶時候，大宋朝更是做起了賣官發財的買賣，一頂官帽三千餘貫到五六千貫錢不等，商人們當官的路就更寬了。

當官有捷徑，娶個宗室女

科舉不好考，買官也往往只能買一頂官帽，兒孫後代還是沒著落。但是有了錢，什麼事不容易呢？大宋朝富商們盛行和皇帝家攀親戚，辦法就是娶個宗室女當媳婦。能締結這種婚姻，商人的身分也就一躍而為「國戚」，變成了上等人，不單自己高官得做，子孫們也都不再是賤民，而且有了恩蔭補官的機會。

這種事在富商中很時髦，而且成了風氣。據《萍洲可談》記載，東京城有富戶大桶張氏，其子弟竟然先後娶了三十多個宗室女，簡直是「涉皇婚姻專業戶」了。但皇家大概也覺得這樣的婚姻不大體面，以致宋仁宗要專門下旨，命令宗室女選女婿必須選讀書人，甚至讓御史台查究宗室與富商之間的買賣婚姻。

十五 出門消費有紙幣——交子、錢引和會子

上街啦！品川菜吃火鍋去啦！在大宋朝旅遊就不能不去四川，到了四川更不能不嘗一嘗正宗的四川麻辣火鍋，再買上兩匹聞名天下的蜀錦。您這樣想著，正準備出門，心想不對，沒帶錢啊！

出門消費要帶錢。帶什麼錢？紙鈔？那個時代沒有！信用卡？更不可能！金銀？好像市面上也不流通。對，大宋朝用的是銅錢。那就帶銅錢好了。您和人一打聽，說明了自己要吃什麼買什麼，人家哈哈一笑：「雇上一頭驢或者一輛牛車吧！那麼多錢您背不動！要不然，有交子也行。那東西輕便，想帶多少都行！」

咦，交子是什麼？

交子的前世今生

大家都知道，貨幣就是個交易媒介。有商品就有買賣交易，要交易就得有媒介物。最初人們採取以物易物的方式，但是那樣太麻煩，商品的價值也沒法衡量，於是就有了貨幣。從古到今貨幣的種類花樣也真多，有貝殼的，石頭的，羽毛的，西漢時還出現了一種白鹿皮製成的皮幣，今天世界廣泛流通的是紙幣，甚至還出現了電子貨幣。但在中國幾千年歷史中，流通最久，應用最廣的，還是金屬錢幣，尤其是銅錢。

唐朝時銅錢就已經是最主要的貨幣了，而且官方規定金銀不能流通，老百姓不能用金銀買東西。但是大商人們做一筆生意動不動就要幾千幾萬貫銅錢，有時還要異地交易，千里迢迢帶那麼多錢實在是不方便，怎麼辦呢？唐朝人發明了一種東西，叫作「飛錢」——商人們先把錢存到官辦或私營的「銀行」中，領到一張紙，上面填寫著地方和錢數，等到了目的地，由當地的「分行」驗明無誤，就可以領出相應的銅錢了。

這方法怎麼聽起來像匯款？沒錯，這正是中國最老的匯款業務。

「飛錢」不能直接用來買東西，只能當作領取存款的憑證，所以還不是紙幣。有了這個辦法，當然就會逐漸推廣，所以後來又有了「便換」，不過「便換」也還只是

「銀行匯款單」，並不是鈔票。

那麼，真正用紙印出來的鈔票要什麼時候才有呢？要等到宋朝，而且要在四川。為什麼一定是在宋朝的四川？因為四川那時候用的連銅錢都不是，而是鐵錢。

大宋朝規定銅錢不能外流，連像四川這樣的地方也不能用，而只能用造價更便宜的鐵錢。在北宋，絕大多數時候十貫鐵錢才值一貫銅錢。如果出去吃頓飯再買兩匹布要花五貫銅錢，那麼就得帶五十貫鐵錢。五十貫鐵錢有多重？三百斤！這雖然是宋斤，但折合成市斤也有近二百斤。實在是扛不動啊！如果再想消費點別的，那就非得驢馱車載不可了。

如此不方便，大家當然要想辦法。於是最初的交子出現了。商人們把鐵錢存到交子鋪，換來寫明數目的一張紙，用這張紙可以再兌換出等量的錢或者直接買東西，這樣方便多了。後來，交子鋪乾脆不現填寫數目，而是準備好固定面額的交子，發給送錢上門的「儲戶」。這樣的交子，不是紙幣又是什麼？

從張詠到交子務

宋朝初期的交子鋪都是個人開的，信譽難免有好有壞，資金實力也有強有弱。

「儲戶」存了鐵錢換了交子，有的交子鋪直接「關門大吉」，拿錢走人；有的經營不善，漸漸也無法為「儲戶」兌換。因此，交子鋪這個行業顯得很混亂，兌換交子也要冒很大的風險。

這時候，蜀中出了一個叫張詠的人。張詠本是濮州鄄城縣（今山東菏澤）人，曾兩度出任益州知州。他看到交子於民有利，但這個行業卻很沒規範，於是下決心治理——他取締了一些不法經營的交子鋪，又設立了交子的發行期限和使用制度，把交子鋪這個行業交給當地十六個有聲譽的富商大戶去經營。這樣穩定了局面，同時也提高了交子的信用度，把它真正變為一種流通貨幣。

張詠這個人為人剛正而且有能力。他還在當縣令時，一次抓住了一個偷官庫中銅錢的小吏，下令杖打小吏。小吏不服，問他：「我才偷了一枚銅錢，何至於杖打我呢？你敢杖打我，但敢殺我嗎？」張詠當即做出了一個有名的判決：「一日一錢，千日千錢。繩鋸木斷，水滴石穿。」隨後親自把那個小吏處決了。這件事顯得張詠很嚴酷，但同時也可以看出來他很有經濟眼光，因此張詠能關注治下的交子鋪和交子行業，並不是偶然的。而時至今日有人說張詠是「紙幣之父」，很有一些道理。

從張詠開始，交子的發行、流通和兌換成為受政府監管的行為，但交子鋪還不是官辦，也沒有成為「國家銀行」。但是到了天聖元年（一〇二三），情況發生了變化。在此之前有個名叫薛田的人曾經上奏朝廷，請求取締所有私營交子鋪，改由政府官辦，但沒有得到批准。這時又來了個寇瑊，他乾脆想廢除交子，不許這世界上最早的紙幣存在。不過朝廷也沒有答應。再後來，薛田接替了寇瑊的職務，又一次提出建議，終於獲得批准。這一年年底，大宋政府在益州設立了交子務，籌備發行「官交子」。到第二年（一〇二四）二月，「官交子」問世，大宋有了自己的紙幣，世界上也終於出現了真正的鈔票。

徽宗錢引和南宋會子

交子是從四川發展起來的，最初只相當於存取款證明，後來才有了交易功能，但兌換和使用混亂，發行機構也很多，到了國家統一管理的時候才有了規章制度。後來的交子務大概相當於大宋「紙幣」銀行，所發行的「紙幣」交子面額固定，先後有一到十貫，十貫和五貫，一貫和五百文等面值。

用紙張印刷錢幣總比用金屬鑄造錢幣便宜，但紙幣也不能隨便印刷。大宋「紙幣」銀行每年發行交子都有一定的限額，宋仁宗時確立的交子發行限額是每年一百二十五萬六千三百四十緡（緡也是貨幣單位，一緡一千文錢，和貫相同）。而且交子使用還有期限，每兩年為一界，到界作廢。

交子攜帶方便，同樣也能當錢用，當然會逐漸推廣。從大宋有了益州交子務，各地紛紛效仿，建立起不少交子務，交子已經不再侷限於四川境內，宋朝的各路、軍、州、府都開始流通了。到了宋徽宗崇寧（一一〇二～一一〇六）和大觀（一一〇七～一一一〇）年間，大宋朝實施幣制改革，把交子改為錢引。錢引和交子實際沒什麼大差別，還是一種紙幣，只不過在字面上和當時的茶引取得一致，有了兌換券的意思。

南宋繼承北宋的優良傳統繼續使用紙幣，不過又與時俱進，有了一些變革。南宋初年使用的紙幣叫關子，後來也曾一度叫交子，而且各地還有自己的地方貨幣，例如四川的叫作川引，淮南的叫作淮交，湖廣的叫作胡會——這個「胡會」中的「會」字就是會子，為南宋流通最久，影響最大的紙幣。會子從紹興三十年（一一六〇）開始發行，一直流行到南宋末年，可以說是貫穿南宋始終。而在這期間，南宋的物價雖然屢有起落，但會子的比值卻沒有太大的變化。直到南宋末期，大宋江山經歷了幾次震盪，通貨膨脹，物價飛漲，會子依然被堅持使用，始終沒有被放棄。

流行和影響

大宋朝開創了一個不用手提肩扛、驢馱車載，帶著一串串、一袋袋甚至一車車錢幣出行的時代，可以說史無前例。在大宋朝的時候，人們已經看出交子是四川老百姓不可或缺，而且對全體大宋人民有著重大意義的事物，所以張詠才設立規章制度，令交子能夠產生良好的信用，讓老百姓都願意使用它；所以薛田才兩次奏請皇帝准許開辦交子務，以國家的名義來保存和推廣它；所以整個宋朝乃至南宋都在沿襲交子的用法，無論叫錢引還是會子，始終是大宋流通的貨幣，同時也是維持大宋龐大軍費開支的一個有力手段。

當然，人們用慣了紙幣，自然會感到它的便利。和宋朝同時的金，以及接續南宋統治的元，也都受到宋朝的影響，開始使用紙幣。尤其是元，曾經一度完全禁止金銀銅錢作為流通貨幣，而只用紙幣——中統鈔、至元鈔等進行買賣交易。當然，當時的民間已經開始把銀兩作為流通的貨幣單位，則是另外一回事了。

金、元以外，幾乎凡是當時和中國有聯繫的周邊國家，都會受到宋代紙幣的影響。西夏和遼與宋人的交易也要使用交子；中國東邊的日本、西邊的印度以及遠在西亞的伊朗境內古國伊爾汗王朝，都曾學習和仿照中國的制度，發行紙幣。大宋王朝當時在周邊國家和世界上所居地位，由此可見。

交子、錢引、會子長什麼樣

古時候中國的貨幣當然不會像現在一樣，又有紙質的區別，又有各種防偽浮水印、花紋和圖案。但今天的紙幣都有人仿造作假，宋朝時當然也不例外。最早的北宋四川交子已經開始在紙張上印製黑紅兩色的特別密碼和圖案，防止有人偽造。到了官方開始發行交子，當然防偽技術更加先進。

宋徽宗時開始印製錢引，更是使用多種顏色套印。一張錢引上用六個印版，分三種套色，計有黑、藍、紅三色，而且背面還加上背印。

錢引前面的「紅團」有各種歷史神話故事，周邊裝飾著藍色的花草動物和圖紋，後面也印著一些典故軼事。最有趣的是南宋的會子，上面的一大半刻著一大串字，意思是偽造會子要處斬，首告的有賞，賞錢一千貫或封為進義校尉，兩邊和下面依次是面額、印刷批次和編號，周圍照例有裝飾和防偽的花紋。

長知識——繁榮的宋遼貿易

澶淵之盟後，宋遼雙方在雄州、霸州、廣信軍等地設置榷場，進行雙方貿易。遼國出口牛、羊、馬、駝和皮毛，換取北宋的茶、瓷、香藥、漆器。宋遼雙方是既做生意，又互相提防，北宋禁止銅鐵、糧食、重要書籍等戰略物資流入遼國，遼國則禁止戰馬和糧食流入北宋。即便如此，北宋政權每年從榷場中的獲利也超過四十萬，足夠支付繳納遼國的歲幣。

十六 濟南劉家功夫針鋪，認準門前白兔兒

——品牌意識很先進

當今社會，廣告的作用早已深入人心。產品再好，沒有廣告，也是「養在深閨人未識」。而左一個免檢產品，右一個馳名商標，更是讓人眼花繚亂，應接不暇。出來做生意，招牌是必須有的，廣告是不能少的，三分產品，七分行銷嘛！

很多人認為，廣告業是現代社會的產物。其實，自北宋開始，廣告就已成為宋代商販的「行銷必殺技」。很多宋代馳名商標更是流傳自今，成為百年老字號、經典中的經典。目前全世界最早發現的商標廣告印刷實物，要追溯到北宋濟南府的「劉家功夫針鋪」。

白兔執玉杵，創名牌大不易

拿起劉家功夫針鋪的銅版標記，或許看不出什麼特別，不就是一個青銅商標嘛。您看仔細嘍，現代商標該有的三要素——使用商標的主體、商標使用的物件、組成商標的標誌，這方銅版上可是一個不少。

看，白兔搗杵的圖案居於其中，代表了針鋪的標誌。再看下方文字，「收買上等鋼條，造功夫細針，不誤宅院使用，轉賣興販，別有加饒，請記白」。「收買上等鋼條」，使用商標的主體有了；「造功夫細針」，商標使用的物件也有了。至於「不誤宅院使用，轉賣興販，別有加饒」，更是赤裸裸地宣傳：我家的針保證貨真價實，絕不偷工減料，要是批量購買，價格還會優惠哦。圖案兩側文字「認門前白兔兒為記」，樹立起品牌特色，言外之意，僅此一家，別無分號。

這些內容，這個口氣，是不是覺得挺熟悉的？除了材質，它的描述手法、行銷策略，簡直和現代商標如出一轍！您一定注意到了，這塊銅版是一個印版，可以在紙上印下數百上千張廣告，這不就是宣傳單嘛！確實，還真有那麼點意思。南宋時的《眼藥酸》雜劇放映前，就曾出現過紙質印刷的廣告畫，畫面上的兩人均穿著戲裝，一人做出指眼睛的動作，表示有眼疾，而另一人拿著眼藥水請他使用。看到這裡，您是不是恍然大悟。原來，大街上散發的廣告傳單，還能追溯到宋代！

看到這裡，您知道劉家針鋪的銅版意義非凡了吧？宋商們一反前人僅介紹產品的標記式行銷方式，在商品推廣中加入了誠信保證、優惠程度等多種軟性宣傳手法。而現代廣告學的大多宣傳方法和理論，幾乎都能在宋代找到雛形。

眾所周知，做買賣掙錢固然重要，圖個長遠更重要。在商品經濟空前繁榮的宋朝，不少士人官員紛紛下海從商，大大提高了宋代商人的整體素質。作為懂文化的商人，利益最大化不再是宋商追求的終極目標，他們更注重聲譽和市場佔有率，將品牌效應發揮得淋漓盡致。

經商開店，掛個牌子容易，但如何讓這牌子成為萬眾矚目的品牌，那可真得好好下一番功夫。譬如北宋時期，內廷專供，名噪一時的「潘谷墨」，就是名牌商標成功運作的典範。

潘谷墨為歙州（後改名徽州，在今安徽黃山市、績溪縣一帶）人潘谷所製，墨色黑亮，質地細膩，成為當時內廷專供，潘谷也被稱為「墨仙」。葉夢得在《避暑錄話》中提到，潘谷採用當時優質的高麗煤作為製墨的原料，從不以次充好，並不斷提高自己的製墨技術，終於使「潘谷墨」成為宋朝墨業當之無愧的龍頭老大。

除濟南劉家針鋪和潘谷墨外，宋朝的馳名商標還真不少。陸遊《老學庵筆記》和吳自牧《夢粱錄》中，均大量記載了名噪一時的各種名牌商標和店鋪：五樓山洞梅花包子、「北食」樊樓前李四家、「南食」寺橋金家、陳家財帛鋪、張古老胭脂鋪、歸家花朵鋪⋯⋯。

門匾招牌齊上陣，裝修也有大學問

說起招牌，大家都不陌生。現如今，哪家店鋪門口不掛上一塊？

宋代的招牌，又叫作匾、額、牌、聯、壁，只要上面有招徠顧客的標識性文字或圖案，不管是橫掛門上還是豎掛門邊，或是立於門前大街上，甚至在牆壁大門上題字作畫，統統被歸於「招牌」之列。通俗地說，招牌嘛，就是固定在店鋪外的那塊牌子，上面寫有店鋪名稱、店鋪經營範疇等，是超市還是飯店抑或藥鋪，望上去一目了然。古人衣食豐足之後，總要來點文藝味兒的東西，表示精神境界也是非常高大上的。尤其是有文化、有素質的宋商隊伍，自然要在招牌上表現表現。

您看，那家店鋪大門旁邊豎著掛一牌匾，上面寫有「劉家上色沉檀香」。您說了，這不就是香鋪嘛！怎麼知道的？這不人家寫得明明白白：「沉檀香」，而且，店主姓劉。再看這一家，「熙熙樓」，什麼意思？肚子裡沒點墨水的還解不出來，不就是因為《史記・貨殖列傳》裡有一句「天下熙熙，皆為利來；天下攘攘，皆為利往」的句子嘛！看到這裡您就明白了，這「熙熙樓」的老闆也不簡單，他這是明明白白地標榜自己：在我這裡住宿的旅客相當多，熙熙攘攘絡繹不絕。

那邊還有「狀元樓」、「登雲樓」，不用說，這可是趕考學子的最愛，和現代火爆的「必過培訓班」「考前營養餐」頗有異曲同工之妙。

咦，這家店鋪的門面兒真漂亮！看，門框由諸多長木杆捆綁而成，上部攢尖，尖上裝飾品繁多：花結、燈籠、彩帶……花團錦簇，怎麼顯眼怎麼來。門口掛有半透明描金紅紗簾，還吊著兩盞梔子燈。

窗框上描紅畫綠，色彩斑斕，喜慶醒目。您問這是何處？酒樓唄！這種裝修有講究，又叫作「彩樓歡門」，既炫耀了自家財力，又讓人印象深刻，入目難忘，是當時大酒店常用的宣傳手法。至於中小酒店，彩樓搭不起，但也會掛個草葫蘆銀大碗，甚至有食店會在門口掛半片豬羊，雖無聲卻形象地告訴咱們：客官快來吧，俺這裡菜品豐富、百味俱全、價格公道、保證新鮮。

「吟叫百端」，吆喝連聲好賣貨

除了掛牌營業的店鋪，走街串巷的商販也不少。要知道，商販的數量可遠遠倍於正店，他們有的推車，有的擺攤，經營範圍窄小但勝在方便靈活，可以大街小巷隨處轉。

沒招牌怎麼賣貨呀？甭操心！宋代大早晨起來就有唱戲的，這可不是唱京劇的，是商販們的叫賣聲！您不信？走，咱們一起去瞅瞅。

「磨鏡子喲——」這一聲洪亮清脆，可真夠勁兒！磨個鏡子還帶配樂的？您這耳朵可真好使，沒錯，看這位賣鏡子大叔手上的兩塊鐵板子，這可不是說山東快書用的。古代需要磨銅鏡的人家，大都是深宅大院，這「噹噹」一響，配上一把好嗓子使勁兒吆喝，聲音傳到院內，這買賣不就來了嘛。一樣的道理，賣百貨的，搖著撥浪鼓，唱著貨郎歌兒；賣糖果的，簫聲為記；賣酒的，吹著玉笙，撥著管弦；賣魚的，賣肉的，賣油的，箍桶的，補鍋的……吆喝之外，各有相配的樂器聲。

賣的東西不一樣，配的聲兒還不一樣呢！沒錯，大宋的商販就是這麼講究！不過也沒辦法，扯著嗓子從早叫到晚，嗓子還不得喊破？喝一斤膨大海也不頂用！《事物紀原》中記載：「京師凡賣一物，必有聲韻，其吟哦俱不同」。《夢粱錄》中形容南宋臨安的市井叫賣聲為「吟叫百端，如汴京氣象，殊可人意」。說叫賣聲像京劇，倒也不算說錯。《事物紀原》中記載，「故市人采其聲調，間以詞章，以為戲樂也」，「故市井初有叫果子之戲，蓋自至和嘉祐之間。叫《紫蘇丸》。洎樂工杜人經十叫子始也」，說的就是宋代藝人將市井間的叫賣聲編作戲曲的事情。

看來，大宋人民的才智果然不一般，連吆喝聲這種俚俗廣告都能弄出點兒文化味道。

防火防盜防山寨

名牌商標多了，山寨品自然也多了，這個規律可稱得上是今古通用。謝采伯在《密齋筆記》中記載過，高麗席子質地柔軟，手感舒適，但價格高昂，於是，四明地區（今浙江寧波）紛紛造出仿冒高麗席。今人可以透過註冊商標、打官司等方式維權，古人該怎樣對付層出不窮的山寨品呢？不用替古人操心，宋商自有絕招。

據宋話本《勘皮靴單證二郎神》所述，一隻靴子的襯裡中，抽出一張寫有「宣和三年三月五日鋪戶任一郎造」字樣的紙條。這張紙條表明，這雙靴子是任一郎家所造。而任一郎店內，防止仿冒的手段除了在靴子襯裡中放置字條外，還設置一本「坐簿」，紙條上的年月日、字號，都一一登記在坐簿上，如有不符，必為仿冒。此外，陶壺中烙名字，商標用名人真跡等，都是宋代商人維權的有效手段。

十七 五星酒店七十二，連鎖品牌不勝數

——正店、腳店都是愛

要感受和體驗大宋經濟的富庶，最直接的辦法就是到街頭巷尾去看一看大宋商業的繁榮昌盛。而這其中最為突出的代表，當然非南北兩宋的標杆城市汴梁和臨安莫屬。

在北宋東京汴梁的街市上，舉凡糧米茶果、鮮魚鮮肉、瓷器布帛、金銀珠寶，可以說無一不有、無一不足。而尤其興盛的，要數餐飲業。沒辦法，民以食為天嘛。歷朝歷代人都離不開美食美酒，大宋作為中國古代經濟發展的黃金時代，酒店餐飲的規模和形勢更是達到了一個前所未有的高峰，正所謂正店堪比五星級，腳店數也數不清。

大酒店都是官酒專賣店

大宋朝經濟發展、商業發達，出門做生意的人多了，有錢人也要消費，所以對餐飲業的要求當然會越來越高。曾幾何時，在城裡只能到劃定的商業區喝酒吃飯，而且飯店的規模也不大，晚上還不營業，習慣了下班出去聚會暢飲的現代人肯定會不習慣。但是在大宋，這些問題全都不存在：大大小小的酒店飯店、地攤夜市隨處可見，任何地點、任何時候想找個喝酒吃飯消遣的地方都不是問題，高中低檔消費也可以任君選擇。當然，要是想講排場、要體面，玩高檔消費，體驗貴族享受，建議您還是到大宋都城，找一些高端大氣上檔次的大酒店。

宋代大酒店總體上數量不是特別多，但只有這些大酒店才是酒類專賣店，才有真正原產直銷的大宋名酒。為什麼呢？酒店總要賣酒，而且是酒類銷售的主要管道。中國封建時代，政府有的時候實行禁酒，有的時候實行酒類專賣。大宋朝是酒類專賣的時代，酒的生產、銷售受到國家的管制。只有經過國家許可，向國家繳納稅賦，才能獲得釀造、生產和銷售酒類的特權。

宋代對酒類專賣的管制和稅收制度叫作「官榷」，分為榷酒和榷曲。

榷酒就是政府開辦酒廠和賣酒的商店，從生產酒麴到釀酒、賣酒，全都由政府一手包辦，管你是酒店、飯店還是百姓，都要到官辦酒品商店來買酒。榷曲就不同，政府壟斷了酒麴，但把酒麴賣給私人釀酒，再由私人出售，向政府繳納一定的稅賦就可以了。這些購買官營酒麴的叫作「酒戶」，酒戶用酒麴釀出了酒，不僅是為了零售，通常還開辦酒店。因為他們往往資本雄厚，所以開辦的酒店規模也比較大，裝修豪華、檔次高雅、菜品精美，可以說是現代的五星酒店。

這些大酒店叫作「正店」，正店在大宋朝都是官酒專賣店。

東京七十二正店

整個大宋朝有多少正店，史書上沒有記載，但是根據《東京夢華錄》，東京汴梁城有正店七十二家。這七十二家正店，可以說是東京城最著名的餐飲名店，也是北宋政府設在東京的七十二家酒品專賣店。

正店的「正」，當然首先是因為它們取得了官方許可，可以用官曲釀酒然後出售，然而如果它們規模檔次不夠，也還是吸引不來顧客。

所以東京正店的「正」，還「正」在它們的「大」和「闊」。那時的大酒店當然不會有摩天大廈，但很多都是二三層的樓房，還有不少前面是樓，後面搭建戲臺，也有庭院式的、園林式的，規模都不小，而且風格各異，其中的「五星級」甚至能同時容納上千人就餐，其場面之大可不是現在用霓虹燈招搖炫耀的「大酒店」能夠比擬的。

宋代大酒店的門口一般都紮著彩樓歡門，大概像現在酒店門前操辦慶典婚禮時用的氣球彩門一樣，顯出氣派。有時候街兩邊都開著大酒店，彩樓對著紮起來，遮天蔽日，把大街都蓋住了。走進酒店，一條主廊形成的「大堂」長百餘步，兩邊有包廂和雅座，越往樓上格局越是開闊，包廂也就越高檔。從酒店的「大堂」到窗明几淨的包廂，門口懸掛珠簾，門上有繡紋裝飾和題字匾額，絕對讓人賞心悅目。客人坐了下來，服務生（店小二）端茶倒水，送上點心瓜果再點菜送餐，一項項殷勤服務更是令人有賓至如歸的感覺。在不少大酒店，還能遇到聲色歌伎前來主動獻藝，讓您在品味美食的同時愉悅身心，感受藝術的魅力。

這一切都彰顯出大宋餐飲業正店的「闊」，給人奢華的享受。

當然，作為販賣美酒佳餚的大酒店，菜品的精良和口味的正宗更是根本，不過在本文中就不多說了。當時東京的正店，著名的有白礬樓、仁和店、姜店、宜城樓、藥張四店、班樓、劉樓、曹門蠻王家、乳酪張家、八仙樓、張八家園宅正店、鄭門河王家、李七家正店、長慶樓……等等。孔子有七十二門徒，東京有七十二正店，不亦宜乎？不過這些正店中再也沒有「胡姬當壚」的外國風情酒店，不免有點可惜。

加盟連鎖腳店和小商販

光有這些大酒店，肯定無法滿足廣大大宋人民的消費需求。何況官府、酒戶和正店釀造出來的酒要賣，光靠自己也不行。怎麼辦呢？可以擴大經營，搞加盟連鎖，開辦更多的酒店飯館，讓老百姓人人都有地方喝酒吃飯，也讓更多人能夠銷售官曲釀造出來的美酒，這不是皆大歡喜嗎？加盟正店，把正店的酒麴批發回去釀酒零賣的酒店飯館叫「腳店」，一些腳店聯合起來分擔賣酒的定額指標，又構成了連鎖經營。

宋代各種規模的腳店難以計數，僅白礬樓就有加盟腳店三千家，東京七十二正店，整個大宋朝有多少腳店，那就只好自己想像去了。腳店加盟當然要有加盟費，這樣它的經營成本肯定要比正店高，而且既然沒有實力申請正店資格，腳店的資本當然也沒有正店那麼雄厚。所以，腳店的規模通常沒有正店大，門面和內部裝潢也沒有正店好，如果東京的正店算得上五星級、四星級，那麼腳店最多也就是三星級，還有很多食店不過一星二星，甚至根本不上檔次，只能算路邊攤和小吃鋪了。

不過這並不妨礙腳店中出現名店、老店，人家的菜一樣可以做得風味獨特、別具一格。東京城中腳店排名第一的是白廚，人家「賣貴細下酒，迎接中貴飲食」，做出來的都是珍貴精細的菜肴，迎來送往的都是宮中的權貴，可一點都不比正店差，算是大宋的「私房菜」酒家。除了白廚，還有安州巷的張秀酒家、保康門的李慶家酒店、東雞兒巷的郭廚、鄭皇后宅後的宋廚等。無論是宋代的正店還是腳店，又都有一個奇怪的規矩：小商販可以進店賣東西，大多數店主都不會干涉。他們進店賣的是各種小吃，還有「果子香藥」「果實蘿蔔」之類。說是賣，實際上也不管客人買不買，就只顧散發給客人，等客人快要走了才收錢。這種事放在現代，別說店主不答應，就是客人也要告他們強迫消費，非打「一九五〇消費者服務專線」不可。

其他行業也興隆

餐飲業如此發達，尤其是酒品的銷售，有政府主導、宣傳和鼓勵，有廣大宋朝百姓對飲酒消費的熱衷和支持，大宋朝酒的稅收可謂年年大豐收，有力地保障了國家財政，尤其是軍費開支。即使到了南宋，臨安的餐飲業也絕不比東京遜色，就連岳家軍都要靠開辦酒廠、酒店賺錢，才有財力武裝部隊，有力量抗擊金軍。

不僅餐飲業，大宋的其他商業領域也都非常發達，東京、臨安的街頭，各種店鋪林立。不管是哪兒，只要是有人的地方，糧米肉菜就必不可少。東京和臨安每天都需要大量的糧食、蔬菜、肉類和魚蝦海鮮，這些物資要從全國各地運來，集中到城裡販賣。例如臨安的米，要從蘇州、湖州、常州、嘉興，甚至遠至兩淮、湖廣調運，由米行收購，經牙人（中間商）販賣給米鋪，再零售給百姓人家。臨安城北有集中的米市，今天的杭州拱墅區還有米市巷和米市橋，就是當年的遺跡。至於東京，每天都有上萬頭豬從南薰門被趕入城，那場面想來就蔚為壯觀。

此外，宋代街市中還有吸引文人墨客和官員商旅駐足的茶肆、販賣各地奇珍異果的水果行、出售五大名窯及景德鎮瓷器的瓷器行、賣布的布鋪、賣帽子的幞頭鋪、賣褙子衫袍中單之類的各種成衣鋪，還有金銀鋪、珠寶行、首飾店，乃至出賣舊式雕版印刷、新型活字印刷書籍的書鋪。

大宋第一大酒店——白礬樓

在東京皇城東華門外有一家五星級大酒店，就是《東京夢華錄》提到的白礬樓。白礬樓又名礬樓、樊樓，後來又改稱豐樂樓，是北宋京城最著名的正店酒樓。這座大酒店共有五座樓，樓高三層，每層都有十米，樓與樓之間還有「飛橋欄檻」相連，極為宏偉，而且造型新穎別致，在當時可以說是奇特的建築。

白礬樓營業面積大，營業額自然不在少數，又因為是正店，享有釀酒分銷的專利，每年僅賣給它的三千家腳店的酒麴就有五萬斤，數量的確很驚人。白礬樓名氣大還有一個原因，因為站在它西邊的樓上就可以看到皇宮大內，據說宮女們打秋千都能欣賞到。有這樣的便利，真是想不發財都難。不過這事後來大概是被皇帝知道了，所以白礬樓西邊的頂樓成了禁區，不讓人上去偷窺皇家的祕密了。

十八 有錢不愁沒地花，奢侈消費有傳統

——富裕階層的消費觀

既然全球最富數大宋，雖然不敢說當時的全球首富就在中國，但要說大宋有錢人就是多，遍地「高富帥」外加「土豪金」，大概是不會錯的。

有了錢幹什麼？總得有地方消費呀！大宋沒有iphone，當然也沒有現代的豪宅、豪車、名牌女包等等奢侈消費，更不會有馬爾地夫奢華遊、歐洲各國風情遊等這些現代人才能享受到的花錢樂趣。但是在大宋，「高富帥」和「土豪金」們照樣有錢不愁沒地方花，照樣能夠揮金如土，讓平民百姓高山仰止外加羨慕嫉妒恨。

兩京置豪宅，出門有豪「車」

北宋東京汴梁盛產富翁，南宋臨安城也是毫不遜色。這些動不動就是身家上百萬的高富帥土豪金們跑到京城來幹什麼？當然是享受啊！

享受首先就要住好，要先建起「大本營」，立下「根據地」，才能充分感受大宋朝的物質文明。皇帝封賞功臣都要先分房子，這是中國人幾千年的「固本」觀念，何況「高富帥」和「土豪金」們？不置下豪宅，怎麼對得起手裡大把的金錢？所以不管是高官巨賈還是坊郭上戶，不管是為了定居還是玩樂，有錢的「高富帥」一到兩京，第一件事就是買地買房子。房地產價格隨行就市，皇帝賞大臣一套房子要五千、一萬兩白銀，後來又要幾萬貫、幾十萬貫，甚至上百萬貫銅錢，高富帥們置辦入手當然也是差不多的價格。但是光買了房子地皮還不夠，其中的「宅第園圃，服食器用」，還要「往往窮天下之珍怪，極一時之鮮明」，不單裝修裝潢要好，屋子裡的陳設用具也都要最高檔、最珍貴的，而且還不能一步到位就算了，要「月異而歲殊」，每隔一段時間就得更換一批，否則就會讓人笑話太過簡陋寒酸，對不起自己的身分。

有了豪宅還要有豪「車」，那就是馬和轎。北宋人很少乘轎，歷史資料裡也沒有留下轎子的價格。大概轎子的貴賤主要區分在抬轎的人數，當然，轎子裝飾用料不同，價值肯定也不一樣，但這就不容易比較了。不過幸好還有馬。馬在大宋肯定是最尊貴也最快速的交通工具，堪比今天的「寶馬」。不過根據宋人記載，馬對高富帥、土豪金們簡直不堪一提。宋初一匹馬不過二、三十貫，最高也才八十貫。到了北宋末年和南宋初年最貴的時候也沒有超過一百五十貫。然而也別小瞧這點錢，馬雖是豪「車」，但只能乘坐一人，高富帥、土豪金出門，非有豪華「車隊」不可，那就不是小數目了。更何況宋代馬不易得，有馬騎才有面子。

服飾加冠飾，美女隨便花

住行搞定，還要衣裝。高富帥，帥就帥在光鮮的外表；土豪金，豪就豪在一身的行頭。自古以來，有身分地位的人穿的都是綾羅綢緞，戴的總有珠玉金銀，大宋朝自然也不例外。

宋代的絹帛是最重要的高檔紡織品，都可以作為貨幣工資發放給高級官員們，當然也是富豪們的最愛。不過就算是最高等的絹帛絲綢，每匹也不過幾貫錢，即使珍稀如織錦，官方的售價也只需每匹三十餘兩銀子，遠遠滿足不了大宋人士炫富的心理。

絹帛錦緞之上，還可以用金裝飾，叫作「銷金」。銷金是把金子打成極薄的飾物紋樣再加在衣服上，很能體現權貴土豪的身分。這樣的衣服，一套可以價值上萬貫，足以讓今天的人們瞠目結舌。

當然，除了衣服，還有帽子、腰帶、佩飾，哪一樣想多花點錢還不容易？就說腰帶吧，可以是犀牛角的、玉的、金的，最昂貴的「通天犀角帶」，在北宋初期已經價值十五萬貫，簡直嚇死人（不過這種「通天犀角」是皇帝專用，一般人不敢想）。即使是玉帶、金帶價格也在幾千幾百貫，換算成人民幣也有幾十萬幾百萬甚至上千萬，同樣讓今天的高富帥們汗顏。

說到飾物，當然是「寶劍贈英雄，紅粉贈佳人」，最適合用來裝點美女了。大宋高富帥給「心中的女神」花錢，那真是眼皮都不會眨一下。例如南宋時的權相韓侂胄，他有十個小妾，人家為了巴結他，耗資十萬貫買來北方的珍珠，給他的小妾每人做了一頂冠飾。光是每頂冠飾上的珍珠就花了萬貫，這東西要值多少錢？這雖然不是韓侂胄自己掏腰包，但也可以看出他家愛妾的身價——禮物如果便宜了，人家怎麼看得上眼？

別說珍珠玉石這些高檔奢侈，但總還能保值增值的東西了，女士們日常用的脂粉香藥等都不知要耗費多少銀錢，而宋代美女們還流行在頭上插花——花開只有一天半日，「不過供一晌之娛」，往往就要花費幾十貫，只為了在頭上戴半天。

玩石買書畫，收藏學風雅

大宋朝士紳階層有玩賞奇石的風氣：把玩的，觀賞的，放在園林裡裝飾的，無論奇石大小都可以成為尋覓、收藏、賞玩的對象。這種風氣到北宋末期趙佶的時候達到了一個頂峰，一直到把大好江山斷送。但是偏安南方的宋室還是照玩不誤，這才興旺發展了江南的園林。

既然是玩就有消費，而且是不小的消費。元符年間（宋哲宗趙煦年號，一〇九八～一一〇〇），由蘇東坡發掘並題字的一塊五尺高的惠州奇石「壺中九華」就賣了八十貫。幾年之後趙佶當了皇帝，從杭州錢塘千頃院搜刮了一塊石頭，也是幾尺高，上面種了一株枇杷，價值有五百多貫。《水滸傳》中四大奸臣之一的楊戩也曾獻給趙佶一塊奇石，放在大宋皇宮的迎祥池，據楊戩自己說花了三千貫。有皇帝帶頭，大家都樂此不疲，紛紛花高價買石頭收藏。

除了石頭，金石書畫、古董玩物自然也都是收藏的對象。宋仁宗時有個有錢的闊佬陳永，求專門給皇家畫畫的畫師高克明畫一幅《春龍啟蟄圖》，出價一百貫。南宋畫家楊無咎擅畫梅花，他的一幅梅花圖至少值一百貫。還有一位「高富帥」叫范大珪，是富弼的女婿，買一幅不知真偽的王維《雪圖》，竟然花了七百兩銀子。至於書法家的字同樣搶手，蘇軾「月林堂」三個字賣了五十貫，一字差不多萬金了。蔡襄三幅《神妙帖》以二百貫成交，米芾給趙佶寫了四扇屏風，淨賺九百兩銀子。更離譜的是宋高宗的皇后臨摹一幅《蘭亭帖》，韓世忠竟然花一千貫買了回來。不過這是為了溜鬚拍馬，並不是真實價值。再說古董，仁宗朝名臣韓琦就曾經買過兩只玉盞，花了一百兩銀子。宋徽宗年間更是掀起了一場古董熱，從古墓裡挖出來的東西，動不動就能賣個幾百上千貫。

花錢要花得有特點，要能顯示出「高富帥」的闊氣，學學風雅絕對是最好的選擇。

豪華宴席散，呼盧買笑去

要盡情消費，封建時代還有一種闊氣是絕不能不擺，有一種排場是絕不能不要的，那就是吃飯。吃飯要吃出氣勢，吃出檔次，吃出身分來。

大宋朝的豪華宴席，拿今天一桌幾萬幾十萬的高檔奢侈飯局去比，簡直是小巫見大巫。據司馬光說，在他的那個時代，官員們想請同僚、朋友、客人到家裡吃頓飯，幾個月前就要開始做準備。酒一定要用宮廷方法釀造，水果菜肴一定要從遠方運來的珍稀奇異之物，菜單一定要拉出長長的一串，斟酒盛菜的器皿一定要最好的，要夠擺滿桌子，這才敢發請帖……按照這樣推算，錢花多少不說，一年到頭如果請客兩三次，基本也就不用幹別的事了。

在北宋末年和南宋初年，蔡京和秦檜絕對是當時兩大暴發戶。他們賺的不僅是皇家的錢，還有國家的錢、老百姓的錢。蔡京有一次請客，其中有一道主食「蟹黃饅頭」，大概就是蟹黃包，花了多少錢呢？「為錢一千三百餘緡」！光吃蟹黃包就吃了這麼多，這頓豪華宴席要多少錢？而秦檜和家人在家裡吃一頓家常便飯，據說就要一、二百貫，不知道吃的是什麼！

至於這些大宋富豪吃完了豪華宴席還要去幹什麼，有一句話叫「買笑千金，呼盧（擲骰子）百萬」——為博紅顏一笑，千兩黃金只等閒；更喜賭博桌上，億萬鈔票如流水。

十九

外賣也入戶，居家好享受

——平民消費也超前

大宋富豪們豪宅豪「車」華服美女一樣都不少，還能買金石字畫古玩古董，也照樣吃喝玩樂全不誤，人家那叫有身分有資格。按說平民百姓就該務實點，在家安安穩穩過日子，別光想著消費加享受。

但是，大宋開國皇帝的享樂主義人生觀教育工作搞得好，再來是富豪們身體力行、率先垂範，榜樣模範帶頭作用大，最後還得感謝大宋文化人的宣傳鼓動和讚美歌頌，以至於大宋平民階層的消費觀那叫一個超前，那叫一個「潮」！

收入不高也要消費

「人生如白駒過隙，所為好富貴者……」還記得這篇精彩演講嗎？

大宋朝開國皇帝趙匡胤從一建國就給開國元勳們上了生動的一課，把享樂主義的人生觀和價值觀灌輸給他們。而這些開國元勳們也是不負趙匡胤所望，在腦袋和飯碗之間選擇了飯碗，並得到了一個大大的金飯碗。接著他們率先垂範，深入貫徹和執行了皇帝的思想和路線，以享受為目標，以消費為己任，開創了大宋朝享樂人生和高消費的先河，引領著大宋富豪們「高歌猛進」，宣導並帶動起一個消費時代。

其實，大宋工薪階層的收入並不高。前面我們已經提到一些大宋底層低等官員的收入，在北宋前期他們的月工資只有一、二貫，多不過三、五貫，到了中後期大幅度提高，也才十幾貫，而且很多時候還不能足額發放，又有以實物替代現金的現象，實在是可憐。但他們畢竟是封建官吏，有百姓可以壓榨，有地方受賄，腦子靈活的還能兼職做生意，生活總還過得去。

真正生活在社會底層的是平民百姓。根據很多資料記載，一般的打工者和靠勞力賺錢的人，基本上月收入也就在三貫左右——「負薪入市得百錢」，「賣魚日不滿百錢」，「傭不習書……力能以所工，日致百錢」，賣柴、打魚、打工都是每天賺一百銅錢的樣子。「賣豬、羊血為羹售人，以養妻子。日所得不能過二百錢。」開個小吃店每月也只有六貫。然而錢少就不要消費？收入低就不要享受生活？回答當然是「不」。別說有太祖皇帝的教導，此外還有土豪們的榜樣力量，更有詩詞文章的宣導、廣告標語的宣傳，平民百姓，尤其是生活在大宋城市裡的人，絕對講究享樂和消費。

下館子，叫外賣

就說吃飯。所謂民以食為天，大宋京城裡的人對於這一日兩餐絕對要重視，而且要吃出水準、吃出氣魄，更要吃出風尚來。具體地說，就是開封和臨安的城裡人，每天早晚兩頓飯基本都在外面解決，不用在家裡開火。

沒錯，您聽到的兩頓飯就是早餐和晚餐，不包括午餐。大宋朝雖然已經開始有人每天吃三頓飯，但主要是官員，而且早上第一頓太早，一般要趕在凌晨三點上朝之前吃，大概叫作「晨宵」還差不多，不大像早飯。真正的早飯在九點鐘左右，晚飯則要下午三、四點鐘以後，這中間可以吃點心，當然有條件的人家夜深了也可以吃夜宵，但都不是正式的一餐。「一日三餐」是現代人的觀念，宋朝還沒形成規律。

官員們的「晨宵」，當然也可以叫作早點，是為上朝之前填補空虛的胃腸。這一餐吃得很早，而且往往是在上朝的路上。前面說過，東京皇宮外御街兩旁，尤其是州橋一帶，街兩邊都是美食小吃，一大早天還沒亮就開始營業，臨安城更是夜市連著早市，這些清早做生意的商戶主要的服務物件就是上朝的官員們，當然也有他們的隨從，同樣清早起來趕往自家商鋪的商戶、店員和夥計們。

一般市民起床不會那麼早，通常要到早晨八、九點鐘才出門。這時候，攤販們紛紛出動，酒樓飯店也都開門營業了。散朝的官員們，早起行動的市民走在街頭巷尾，鑽進酒樓飯館，就可以解決早餐問題。宋朝的早餐小吃品種很多，幾文錢一個的籠餅蒸餅，十幾二十文錢的雞魚小菜、灌肺湯羹比比皆是，如果要正式一點，就可以到早餐店或者酒樓飯館裡尋一副座頭，點幾個小菜要了湯餅慢慢吃，還可以喝酒。

是的，宋朝人早餐也會喝酒，而且很可能每頓正餐都喝酒。《東京夢華錄》說汴梁城的酒樓飯館「至午未間，家家無酒，拽下望子」，也就是說停止營業了。要吃飯就應該喝酒，沒有酒自然就無法招待客人吃飯，自然就停業了。然後要等到晚飯的時候才會再有酒出售，才會重新營業，這樣一直進行到深夜，晚餐連著夜宵，然後再到天亮又有「晨宵」吃。

看來，那時候的人們主要的兩頓正餐大都是在外面吃的，不用自己在家做飯那麼麻煩。否則，光是白礬樓那樣的正店就有三千腳店，做的是誰的生意呢？當然，宅男宅女們也不用擔心，不是有走街串巷，「吟叫百端」的商販嗎？隨便買上兩樣在家裡吃，也就完全能夠滿足腸胃的需求了。所以宋人吳自牧的《夢粱錄》裡說，那裡的百姓，尋常家裡都不開灶的。

喝窮酒，吃「大餐」

收入不高卻不在家裡做飯，買幾樣小吃叫兩份外賣也就算了，還要天天下館子，這樣的消費怎麼得了？沒關係，窮有窮的活法，富有富的生活，這叫各得宜彰，只圖個方便舒服。

當時的窮苦人下館子當然不會寫日記留下記載，更不會發臉書展示生活，不過好在自己不記有人記：宋神宗年間，有個日本僧人成尋來到中國，他留下一本《參天台五臺山記》，其中記錄了他招待雇傭的民夫的花銷——十三個人吃飯喝酒，最多一次花了一百五十八文，最少一次九十八文，每人平均才十文左右。當然這不是在京城，物價便宜一些。

不過即使在京城，普通人下館子也不貴。在北宋末期的東京，小飯館中的「煎魚、鴨子、炒雞、兔，煎燠肉，梅汁，血羹，粉羹之類，每份不過十五錢。」「菜蔬精細，謂之『造齏』，每碗十文。」

而到了南宋的臨安，就算是像樣點的「大酒店」也能「兩人入店買五十二錢酒，也用兩支銀盞，亦有數般菜」——不單給高檔酒具用，還贈送下酒菜呢。甚至在瓦舍中，「壯漢只吃得三十八錢」，要酒足飯飽並不難。

如果想要面子講點身分，吃頓宴席就不是這種價格了。蘇東坡記載過一件事，是兩個人以圍棋賭勝負，勝者得蘇東坡的一幅字，輸的要請客吃飯，標準是五百文。蘇東坡大小是個官，而且是文人，吃飯自然講究一些。三個人的一頓宴席，五百文也就夠了。但這已經不是一般平民能夠承受得了。

例如宋朝初期有二宋——宋庠和宋祁，都很有文名，哥哥宋庠更曾經連中三元。哥倆兒年輕時很窮，過冬至節想請客沒錢，只能從祖傳寶劍的劍鞘上刮下銀子一兩，才算置辦了酒席，這還是在他們老家湖北安陸的價格，幸好那時他們還沒進京趕考。因為這件事，宋庠自嘲說：「冬至吃劍鞘，年節當吃劍耳！」

看來，普通人家的收入，下館子也沒什麼，只要不死要面子，這樣的花費大家還算承受得起，難怪《夢粱錄》又說很多京城人「往往只於市店旋買飲食，不置家蔬」了。

傾家蕩產去遊玩

吃喝之外還要玩樂，這才是物質加精神。太高大上的玩樂專案市民階層消費不起，像是那些「花鳥也，竹石也，鐘鼎也，圖畫也，輕歌妙舞……」之類，平民百姓沒有那麼多錢，也學不會那種風雅，自然是不要玩，更不必說「買笑千金，呼盧百萬」了。但是這些之外，小人物也有小人物的歡樂：到郊外水邊去親近親近自然，在繁華街市中欣賞一下文化藝術表演，逢年過節穿上新衣搞搞聚餐、放放煙花爆竹，也算豐富業餘生活，拉動內需促進消費了。

出行的遊樂活動在東京主要在金明池畔進行，在南宋臨安則不必說，自然是西湖。每逢清明、端午這樣的時節，汴梁和臨安的郊外水邊、山寺御苑到處遊人如織，不只高官顯貴和富商巨賈，更有士人學子的風流聚會，庶民百姓們「帶妻挾子，竟日嬉遊」。即使在平時，城中也有勾欄瓦舍「不以風雨寒暑，諸棚看人，日日如是」的娛樂場，遍布街頭藝人，以及各種節日放燈、舞獅、演雜技等盛會。

然而這樣的娛樂消費，對於平民階層來說無疑是極大的負擔。但是有什麼辦法呢？如此盛世，如此潮流，人人都要緊跟時代的步伐，個個都不甘心落於人後。趕上寒食、冬至這樣的盛大節慶，他們中「小民雖貧者，亦須新潔衣服，把酒相酬爾。」

而這些消費，尤其是那「竟日嬉遊，不醉不歸」的玩法，往往是以「至如貧者，亦解質借兌」為代價的，甚至最後像王安石說的那樣：「破終身之貲產而不自知也。」最後傾家蕩產了。

二十

造船工藝高超，商港聞名世界

——海外貿易帶動的ＧＤＰ

現代人都知道，沒有對外貿易，賺不到外匯，也就算不上經濟強國。大宋朝號稱當時世界第一經濟大國，除了要拿出工農業產品的產量、國民生產總值、人均ＧＤＰ等數字，還得和別的國家比一比出口額，看一看佔據了哪些國家的市場才行。

不過這方面大宋朝那是沒得說：海船技術先進，海港規模大，大宋出品的瓷器和絲綢遠銷東南亞和歐洲，深受喜愛。一條海上絲綢之路更讓大宋朝賺得缽滿盆盈，成為當之無愧的海上大國和出口大國。

轉桅分艙加羅盤，海戰遠洋都能幹

想做外貿生意首先得有交易對象，簡單地說，就是有了東西賣給誰。大宋朝從建國起西北邊疆就不太平，和幾個鄰國時戰時和，後來乾脆被金國趕到江南去了。把自家的好東西賣給敵國那不是養虎為患？總打仗交通也靠不住。所以大宋和遼、金、西夏等國在邊境雖然也開辦過「邊貿一條街」（榷場），但交易有限，原本在漢唐興盛一時的陸上絲綢之路也斷絕了。

然而西方不亮東方亮，陸地不行有海上。陸上生意不好做，大宋開始向海上發展，遠渡高麗、日本、東南亞，甚至到更遠的地方去賣東西。而要做海上生意就要有船，大宋朝的造船業那可是工藝高超、技術先進，造出來的各種船舶在世界上都算首屈一指。

先說桅杆。宋代時的船舶當然主要是帆船。帆船的動力是風帆，揚起風帆靠桅杆。宋人已經發明了可以轉動的桅杆，能夠利用多種風向的風力——「風有八面，唯當頭不可行。」還有船舵，當時已經有了在舵葉上開孔以減少阻力的開孔舵和操作靈活的平衡舵，這些技術，西方的帆船要七、八百年之後才會使用。另外，分水隔艙的設計也已經出現並得到廣泛應用。這種多個密封艙的設計改變了一處漏水滿船湧的局面，降低了沉船的危險。

最值得一提的莫過於羅盤。羅盤運用的是指南針的原理，能夠在陰雨天幫助遠洋的海船辨別方向，《萍洲可談》就記載了宋代海船應用羅盤的實例。作為四大發明之一，指南針技術應用在海船上使更加安全可靠的遠航成為可能。

要在海上遠航並裝運貨物，海船自然要比內河船隻大。宋代已經有了載重量數十噸乃至數百噸的內河「千料船」「萬石船」，而宋海船多為「五千料」以上的大船，載重近三百噸，並且船底尖削，更容易乘風破浪。趙佶時派遣使節出使高麗，這支船隊中就有兩艘新造的大海船「神舟」，船長一百二十餘米，載重可達千噸以上。

大宋艦船不單適合做商船，打仗也很厲害。宋朝的戰船中有「車船」，以人力踏動輪楫行駛，速度極快，能夠「日行千里」。車船無論在鎮壓農民起義還是抗金戰場上都曾經發揮過作用，取得過輝煌戰績。

開創市舶建海港，收入關稅出口忙

有了海船還要有海港。大宋繼承唐代的經濟開放政策，設立市舶司，開辦港口。市舶司就是海關，類似的機構還有市舶務、市舶場，反正就是行政級別不同，性質和功能都差不多。海關當然建立在海港，對往來的貿易船隻抽取關稅，稽查人員和貨物，同時進行管理，然後為國家創利創匯，反正是創收的機構。南北兩宋，大宋政府先後在廣州、泉州、杭州、明州（今浙江寧波一帶）、溫州等地創立了海關。

廣州這個地方從秦漢開始建立城市，到唐朝成為中國第一大外貿港口，這個地位一直到宋代依然延續。趙匡胤開寶四年（九七一），北宋在廣州設置市舶司，承認它外貿交易港的地位，並且把它作為和外藩交換商品、獲得東南亞乃至歐洲特產的窗口。在這裡，宋人收穫富人們喜愛的犀角、象牙、珍珠、香料、藥材等奢侈品，還有琉璃（也就是玻璃）這種來自西亞和歐洲的工藝品。

來廣州做生意的外國人很多，他們從占城（印度支那半島古國，在今越南境內）、真臘（亦印度支那半島古國，在今柬埔寨境內）、三佛齊（今蘇門答臘）、闍婆（今爪哇）、渤尼（今汶萊）等地乘船渡海來到中國，販賣當地的特產。更多的商人來自大食（阿拉伯帝國），他們不僅帶來自己的商品，還有歐洲的貨物，甚至把非洲的黑人都販賣到中國來，《萍洲可談》就記述了「色黑如墨，唇紅齒白，髮卷而黃」的黑人「鬼奴」。

尤其是阿拉伯客商到中國做生意不是一來就走，總要逗留一段時間，有的甚至定居下來，成了大宋子民。大宋政府給他們專門劃定了聚居區，叫作「蕃坊」。在那裡，有他們自己選出的蕃長，他們可以按照自己的習慣方式生活，擁有一定的自治權，形成外國「僑民區」。對這些僑民，大宋政府可以說十分照顧，特別優待，不但給他們一些豁免權，讓他們和漢人通婚，還特地為他們開辦了僑民學校——蕃學，以滿足他們接受教育的需求。

有這麼多外國人來廣州做生意，而且形成了相當的規模，可見廣州是當時中國的第一大對外貿易港口，也是世界聞名的大港口。除了廣州，泉州也是大宋重要的海關和海港，此外還有杭州、明州、溫州以及秀州華亭縣（今上海松江區）和江陰軍（今江蘇江陰市）五處市舶務。北宋時還有密州板橋鎮（今山東膠州營海）市舶司，不過到南宋已經被金佔領，不再屬於大宋領土。

瓷器遠銷亞非歐，絲綢之路萬里遊

大宋朝有什麼特產？或者說當時出口創匯的商品主要是什麼？答案是：瓷器。別忘了大宋當時就有汝、官、哥、鈞、定五大名窯，此外還有磁州窯、建安窯以及今天家喻戶曉的景德鎮瓷器。這些地方出品的「大宋製造」瓷器，搭上同樣屬於「大宋製造」的大海船，漂洋過海不遠萬里到東南亞和西方去，一路經過南海諸島、印度洋沿岸地區，到達西亞地區，甚至遠及地中海和東非沿岸，沿途熱賣，引起當地人的追捧和搶購，成為西方人眼中的「神器」和中國的代名詞，英語中China一詞的小寫形式就是瓷器。可見在後世，中國就是西方人意識中的「瓷國」。當然，除了最重要的外銷商品瓷器之外，傳統的絲綢紡織品，讓西方人讚不絕口的茶葉，以及當時宋代的其他手工業製品和工藝品，也從廣州、泉州等各港口源源不斷地輸送和銷售到國外去，最遠到達統治著大半個歐洲的東羅馬帝國，近處也包括高麗和日本。

在大宋政府的鼓勵和支持下，宋朝商人們開著當時世界上最大的大海船，滿載著外國人喜愛的貨物，經年累月地顛簸在海上，賺取大把的「鈔票」，為大宋政府換取巨大的利潤，同時也溝通著中西方的物質文化，充當了橋樑和媒介的作用。

宋代海上貿易發達，當時的海上航線成為繼北方陸地絲綢之路後，連接中西方的貿易專線，被後世稱為「海上絲綢之路」。

不要面子講實惠，支柱產業油水肥

創海關、建海港，鼓勵貿易，對外開放，好處是顯而易見的。

宋朝的皇帝們比起後來明清兩代的統治者們，在經濟建設上更開放、務實，同時也不那麼虛榮。

比如抗敵不行、強國不行的宋高宗，他對收復中原沒興趣，但他對海外貿易的見識卻比後來的明清歷代皇帝們高明得多。他說：「市舶之利最厚，若措置合宜，所得動以百萬計，豈不勝取之於民？朕所以留意於此，庶幾可以少寬民力爾。」瞧瞧，人家稍稍一算帳，就知道搞外貿賺錢很容易，比起只知道向老百姓伸手收土地稅強得多，而且還可以「少寬民力」——讓老百姓富裕那麼一點點。

更重要的是，由於疆域沒那麼大，國防力量一般，又經常和少數民族政權議和的緣故，大宋朝並不妄自尊大，不以天朝大國自居，更不會狂妄地以為自己「無所不有」，而不屑於透過通商貿易和「番邦小國」互通有無。相反地，大宋政府精明地計算利害得失，甚至不惜限制各國的朝貢使團人數，以免無謂地增加招待費用，還要回送人家禮品。到了宋孝宗的時候，他乾脆下旨：「自今諸國有欲朝貢者，令所在州軍以理諭遣，毋得以聞。」有來朝貢的，各地方政府直接打發他們走人，孝宗不但不見，連知道都不想知道，只要市舶司賺錢就好。

其實早在北宋中後期，大宋海外貿易已經有不錯的成績，大約在宋哲宗在位的時候，市舶司十二年收入了五百萬貫，每年有四十多萬。

到宋徽宗即位，九年就收入一千萬貫，每年一百萬還多。南宋以後海外貿易更成了大宋支柱產業，在南宋剛剛建立的最困難時期，全國一年的財政收入只有一千萬貫，而外貿就占了六分之一，達一百五十萬貫，後來更增至二百萬貫。這樣的比例怎麼能不引起皇帝的重視呢？

第

四

章

宮廷不是禁區，皇族也有祕聞

大內宮廷之中，
帝王和皇家的生活總是最被人們惦念的。
趙宋官家的晚餐吃什麼？
御廚的手藝到底有多高？
皇子們的帝王預科班真的那麼步步驚心？
大宋朝垂簾聽政的太后裡為什麼出不了一個武則天？
宋代的公共節日有多少是皇帝的生日派對？
且待本章一一道來。

二十一 踢踢球，寫寫字，作作畫
——官家愛遊藝，更愛文藝

大宋朝的趙官家們興趣愛好真不少，他們之間有幾個職業玩家，像一代球王趙匡胤、音樂大師趙光義、著名詩人趙恆、音樂家趙禎、著名書法家趙構……當然啦，徽宗趙佶更厲害，堪稱大宋足壇「小羅納度」，同時還身兼書法大師和畫家等多重身分！

一代球王開足球盛世

事實早已證明，足球是中華民族的古老發明。早在春秋戰國時期，咱們的老祖宗就已經開始玩一種盛行於當時、普及於後世、風靡於現代的遊戲——蹴鞠了。而蹴鞠，就是足球最早的雛形。

《史記・蘇秦列傳》裡說，蘇秦跑到齊國去，看到臨淄「其民無不吹竽鼓瑟、彈琴擊筑、鬥雞走狗、六博踏鞠者。」這個踏鞠即蹴鞠，也就是足球。全臨淄都能看到踢足球的，可見足球運動在當時的盛行。戰國之後，漢朝人不忘踢球，唐朝人不忘踢球，到了宋朝，踢足球更加風靡了。這時候的足球已經不像最開始只是外皮內毛，而是可以充氣的皮球，能夠踢得更高、更遠，規則也更多，可以設兩個球門，也可以設一個球門，兩隊踢對抗賽；還可以一個人或者幾個人表演，叫作白打。

當時踢球的不單有皇帝有大官，還有宮中的宦官和宮女，民間的藝人百姓，足球簡直可以說是一種全民運動，那運動基礎和普及性就更別提了。

大宋朝足球事業如此興盛，相信如果當時舉辦世界盃，屆屆決賽階段都能看到大宋代表隊。那麼是誰帶動了大宋足球的發展，誰又是大宋近三百年當之無愧的球王呢？毫無疑問，答案就是趙匡胤。

趙匡胤戎馬一生，整天和軍隊戰陣打交道，而蹴鞠運動從漢代開始就被認為是一項軍事訓練，西漢時還有人專門寫了一本《蹴鞠二十五篇》，屬於兵書的一種。因此趙匡胤自然會很重視蹴鞠，自己也會身體力行，加入這項運動。事實上，趙匡胤很喜歡蹴鞠。蹴鞠原來是「軍中之樂」，不僅是訓練，還是娛樂，趙匡胤也沒少參與。後來當了皇帝，跑到軍營裡和大兵踢球不像話，但他也沒放棄這個「業餘愛好」，除了在宮裡辦比賽，還親自下場，和親信部下們白打過過癮。

現在流傳有一幅《趙匡胤蹴鞠圖》，就記錄了趙匡胤帶著他的兄弟趙光義和趙普等大臣們踢球的生動場面。前面說過，榜樣的力量是巨大的。趙匡胤推動大宋足球熱潮功不可沒，他本人的「腳上功夫」在當時也一定了得，大宋一代球王，趙匡胤當之無愧。

祖孫音樂家

趙光義能給他哥哥「下腳」，說明他的球藝也不錯。不過「大宋球王」這個稱號，估計送給他他也不敢要，就算踢球是件小事，他又怎麼敢超過他哥哥？不過沒關係，他自然也有大展身手的地方，那就是搞音樂。

歷朝歷代皇帝中不乏喜好音樂、重視音樂藝術和音樂活動的。唐朝的好幾個皇帝就都愛好作曲，唐玄宗李隆基創作《霓裳羽衣曲》，名聲絕對是空前的。南唐後主李煜不但作曲，而且填詞，還親自表演，也是位全能音樂家。在這方面，趙光義也是毫不遜色。

說起趙光義的音樂才能和他的作品，在大宋朝皇帝中絕對稱得上大師級人物。

《宋史·志第九十五·樂十七》不惜筆墨，把這位大宋音樂大師一生創作和改編的三百九十首曲目全都記錄下來，還做了詳細說明，趙光義還沒當上皇帝之前，就作了《宇宙賀皇恩》、《降聖萬年春》來歌頌大宋「一把手」趙匡胤。當趙光義出兵太原得勝凱旋，他又作一曲《平晉普天樂》。第二年他還作了《萬國朝天樂》。這些都是廟堂之歌，專門在國家大型慶典時用的，相當於國慶奏樂了。

當然，趙光義也很有情趣，《薄媚》、《採蓮》、《伊州》、《綠腰》、《道人歡》、《滿宮春》，光看曲名就知道都是富有情調的小曲兒，演奏出來肯定雅俗共賞，讓大家聽得眉開眼笑。

別說這些樂曲藝術成就怎麼樣，光是這數量，趙光義已經足夠稱得上大宋皇帝中第一音樂大師了。爺爺厲害，孫子多少會繼承一些。

趙光義之後，宋仁宗趙禎也算是位通曉音律的音樂家。這位「狸貓換太子」中的主角很有音樂細胞，經常自己躲在深宮裡作曲，然後教給教坊司，讓他們演奏。他作過祭天地的《景安》四首，祭宗廟的《興安》四首，還有祭五帝的《佑安》五首……不過他很謙虛，曾經說：「朕於聲技固未嘗留意，內外宴遊皆勉強耳。」那意思是說：我可不是專門幹這個的，水準就算勉勉強強吧。

玩樂無所不能，不擅長當皇帝

宋徽宗趙佶，不但是藝術全才，更是娛樂高手。放在今天，趙佶肯定是球場上的明星、《花花公子》封面人物，更是德高望重的書法大師、名噪一時的畫家。

趙佶原來和皇位沒啥關係，就是個端王。在他之前，當皇帝的是他哥哥——宋哲宗趙煦，所以趙佶本來當一個幸福的王爺就夠了，完全可以瀟灑一生。但是偏偏趙煦死得早，又沒有兒子，主持朝政的向太后又支持趙佶繼承皇位，這才讓趙佶得以繼承大統。反對趙佶當皇帝的大臣們認為他「輕佻」，由此可知趙佶的日常行為絕對不是帝王模範，而是走的享樂人生的路子。例如趙佶愛踢球，而且還能踢得一腳好球。按照小說《水滸傳》的說法，大反派高俅第一次見到還是端王的趙佶，趙佶讓高俅下場，高俅是一再推辭的——「敢與恩王下腳？」「三回五次告辭」。待到下了場，卻「只得把平生本事都使出來」。為什麼？不光是奉承和地位懸殊，實在也是若不盡全力，入不了蹴鞠高手趙佶的法眼。

要知道，在領導面前賣弄，太弱了固然不行，太強了只怕也有危險。

照這樣看來，趙佶的球技絕對差不了，就算評不上球王，也稱得上「大宋版的小羅納度」。不過單單是喜歡踢球也就算了，趙佶偏偏家國不分，要把自己的「球友」

抬舉到仕途上來，令縱然不像《水滸傳》所描寫的那麼不學無術，卻也是毫無建樹的高俅平步青雲當上太尉，恰恰證明了他不是一個合格的政治家，更不會是一個勵精圖治的好皇帝。

然而趙佶這個不稱職的皇帝在藝術領域不但玩得精，搞藝術更是了不起。他的書法獨成一派，叫作「瘦金體」。這是一種瘦勁冷硬的文字筆法，糅合了前人的精粹而又別出新意。明代陶宗儀在《書史會要》中評價說「筆勢勁逸……意度天成，非可以行跡求也。」趙佶在書法方面可以稱得上一代宗師，他留下的作品不少，像《楷書千字文》、《怪石詩帖》、《草書千字文》等。

除了書法，趙佶還擅長丹青，尤其喜歡花鳥。他作畫筆法細膩、風格淡雅，透出貴族氣息，著名的畫作有《芙蓉錦雞圖》、《瑞鶴圖》、《杏花鸚鵡》等。大宋歷代皇帝中，宋徽宗趙佶絕對算得上一個全才，除了搞政治。所以後人評價他：諸事皆能，獨不能為君耳！

藝術天分相同

趙佶的樣樣本事都很大，就連生娃都不差。史載他有三十多個兒子和三十多個女兒，生育能力實在很了不起。在他那麼多兒子之中，最著名的有兩個人，一個是和他一起被金人抓走的宋欽宗趙桓，另一個就是開創了南宋的宋高宗趙構。

趙桓就不說了，他才當了一年多皇帝就成了俘虜，然後做了三十年的俘虜，最終病死。趙構則不同，他雖然偏安在江南，但是從建炎元年（一一二七）到紹興三十二年（一一六二）當了三十五年皇帝，然後又做了二十五年的太上皇，才在淳熙十四年（一一八七）去世。趙構不但高壽，而且在位時間長，當太上皇的時間也長，算得上皇帝中比較長壽的一個。

趙構繼承了他爹趙佶不少東西，比如昏庸、比如任人唯「親」——像趙佶重用「球友」高俅、書法同好蔡京，宋高宗則重用秦檜。當然趙構也繼承了趙佶的藝術天分，那就是擅長書法和繪畫。

趙構的書法在歷史上評價不錯，但是大概因為他的昏庸，還有他的賣國投降政策，所以人們沒有給他很高的地位。就像對他的宰相秦檜一樣，很多人甚至不承認秦檜有擅長書法的一面，只說他「能篆」「亦頗有可觀」。然而不管怎麼說趙構是皇帝，對南宋初期的書法界影響很大，所以明初史學家陶宗儀承認他「天縱其能，無不造妙」，肯定了他的書法天才。

長知識——給讀書人「黃金屋」「顏如玉」的皇帝

人人都說讀書好，因為「書中自有黃金屋」，「書中自有顏如玉」。把書讀好，金錢美女自然就有啦！這些話是誰說的呢？是大宋皇帝詩人宋真宗趙恆。他在他的《勵學篇》中把這些大道理教給大宋子民，勸大家「男兒欲遂平生志，五經勤向窗前讀。」《勵學篇》是趙恆作的白話詩，朗朗上口明白易懂，而且很勵志。此外趙恆還作過《北征回鑾詩》、《賜丁謂》、《觀龍歌》等詩歌，算得上是個很有水準的詩人。

二十二 全年嗨不停，月月有節慶——宮廷慶典歡樂多

過節啦！大宋的重要節日又到啦！有人問了，不是前兩天剛過完節嗎？怎麼又過？沒辦法，大宋朝就是節日多，這才叫「今天明天都是好日子」啊！

說起過節，還得感謝老祖先，中國古代禮儀多、規矩多、風俗也多。這些風俗傳下來，個個都是節日，趕上哪個都得過，而且是只要能大慶就不小慶，只要能浪費就別想節約。都說大宋朝有錢，連老百姓過節都得拚了命地享受，更何況宮廷？要看大宋宮廷過節，那真是「全年嗨不停，月月有節慶」。

大儺儀與大朝會：從除夕到元旦

又是一年除夕夜。今天的老百姓家家放鞭炮，看春晚，一家團聚守歲，大宋沒有春晚可看，卻一樣可以放鞭炮，並且已經開始除夕守夜了。在大宋宮廷，除夕夜的慶祝活動很盛大也很隆重，包括「假面舞會」和「除夕宵夜」。西方人在萬聖節戴假面具紀念亡魂，怎麼大宋人也搞「假面舞會」？其實，大宋宮廷搞的那叫「乾坤大挪移」，啊不，說錯了，是「歲末大儺儀」。儺是古代驅鬼的儀式，大儺在年終歲末，唐朝時已經固定在除夕，這種風俗延續到宋代。

看，八百人的大儺儀儀仗隊開來啦！他們人人頭戴面具，這些面具都是廣西桂林的能工巧匠製作，個個栩栩如生，樣式各異。他們身上穿的是繡著畫、塗著彩的衣袍，手中持著金槍銀戟、龍鳳旌旗。在他們旁邊有趕來幫忙的各路神鬼，什麼鍾馗判官啦，六丁六甲啦，神兵鬼使啦，還有灶王爺土地爺門神爺。大家奏起「驅鬼曲」，高唱「驅鬼歌」，把那些邪魔鬼怪趕出皇宮，一路趕到東華門外，到龍池灣逼入水中，才算是大獲全勝，班師凱旋。

作祟的厲鬼被趕走，大家可以開開心心過除夕，等候著新的一年到來了。既然要守歲，當然不能睡覺，但不睡覺人會餓啊！那時候還沒有年夜飯，不過有宵夜果，也就是除夕夜額外加的宵夜果品和糕點。皇宮裡地位最高的是皇帝，因此宵夜果十分豐盛，可以有上百種各式的蜜餞、糖果、糕餅和豆酥等，全都擺在精美的盒子裡，供皇帝一人獨自享用。光吃不夠，宵夜果之外，桌上還得擺放些玉杯、珠花、金葉和各種遊戲玩物，讓皇帝能邊吃邊玩，免得寂寞。皇帝一個人就吃這麼豐盛的夜宵，皇后、嬪妃和內侍宮女們當然也可以逐級降低標準，聚在一起或者各自享受自己的待遇。而且這一夜整個皇宮都要「照虛耗」，連廁所都要點燈，把皇宮照成不夜城。

好不容易熬過了漫漫除夕夜，元旦又到了。這一天是大宋一年中在宮廷舉行最盛大慶典的日子，皇帝一大早就要趕到大慶殿接受文武百官和外國使節們的朝拜，在這之前他還要燒香上供給皇太后拜年，又得接受他的大小老婆們和兒女的拜年，實在是忙得不可開交。這樣的場面雖然莊嚴壯觀，但是就不那麼有趣了。

兩京看宮燈，金明池競標：上元與上巳

「正月裡來是新年」，過完了元旦，年卻沒有完，大家都還在喜慶熱烈的氣氛中。初一之後，按風俗差不多每天都有紀念、慶賀、攘除的事情要做，例如初五要「破五窮」，初七要「慶人日」等。但是這些都及不上正月裡最盛大最熱鬧的節

日——上元，也就是元宵節。

元宵節又叫燈節。在宋以前鬧花燈是三天，即正月十五加上之前和之後各一天。大宋朝是個講究享樂的時代，開國皇帝趙匡胤就號召全民享樂，鬧花燈只有三天怎麼夠？於是在乾德五年（九六七），趙匡胤下令上元燈節延長十六、十七兩天，變成五天。

「方當年穀之豐登，宜縱士民之行樂」，趙匡胤的聖旨描繪了一個太平盛世，鼓舞著全民娛樂消費。他自己當然也身體力行、率先垂範，在東京汴梁皇宮大搞「上元皇家燈展」，與民同樂，吸引著全城乃至全國百姓來參觀遊覽，激發大家的消費熱情。

在北宋最輝煌絢麗，同時也接近滅亡的宋徽宗時，十四日上元燈節一到，皇宮邊的宣德樓前面就立起三大彩門，正中的門上有金字「宣和與民同樂」。彩門左右是文殊、普賢兩位菩薩的佛像，各自乘著獅子和白象。兩座佛像既是彩燈又是噴泉，祂們伸出手，手指噴出水來。宣德樓兩邊的朵樓掛出燈球，每個燈球的直徑有一丈多，是超級大燈籠。徽宗趙佶就在樓上，樓下有各種花燈競現、文藝表演，還有地攤夜市。趙佶的排場不用說，嬪妃宮女們也都跑到宣德樓來，在簾子後觀賞嬉笑，惹得樓下圍觀窺聞的百姓想入非非。

到了南宋，「西湖歌舞」都無盡無休，臨安皇宮的上元燈節是一樣的熱鬧繁盛，沒有一點蕭條。甚至到風雨飄搖的淳祐三年（一二四三），宋理宗趙昀還要粉飾太平，硬是給上元又加了一天，變成了連續六夜鬧花燈，真是皇帝不知愁，還要來個最後的瘋狂呢！

燈節過完，好不容易出了正月，接著又是二月初一的中和節、二月十五的花朝節，然後又是寒食節，再到三月三，就是上巳，即「麗人節」或者「水節」啦。中和節是農節，也就看看農書，花朝節賞花，沒什麼可說。寒食節要吃冷食，皇帝們當然不會喜歡，所以也不太重視，甚至還有皇帝禁止過寒食節。上巳就不同，這天的風俗是踏青嬉水，春暖花開頭一次，好玩又過癮，女性也能參加。所以這個節就算皇帝不想過，他的大小妃嬪們也會吵著讓他過。

這不，大宋朝一到上巳就熱鬧非凡。北宋時人們齊聚汴梁城外的金明池；南宋不用說，當然是全民遊西湖。金明池年年搞龍舟賽，皇帝要來觀摩，當然也帶上他的妃嬪們來。不過妃嬪們只到金明池中的寶津樓，而這裡當然是「遊人免進」。

避毒、賞菊、喝粥：端午、重陽和臘八

遊玩的時間總是飛逝。轉眼上巳過去，大家水岸踏青二十餘日，三月漸漸盡了。皇宮裡花期正長，皇帝、嬪妃、宮娥們不時地賞花，看各種奇花異卉爭奇鬥豔，不覺間四月初八，浴佛節到了。宋代佛教已經很興盛了，宮中自然少不了佛祖的信徒，這時候他們就要互相贈送浴佛水，其實就是加了香藥煎煮的糖水。

隨完佛教的風俗，再過不到一個月就是天中節，即今天的端午節。端午節現在已經成了法定假日，大家能休個三天小長假。宋朝端午節也是公務員法定假期，而且今天我們延續的風俗當時基本也都有了。

比如在門前懸掛艾草驅毒、佩戴靈符、吃粽子等。當然也有一些已經漸漸消失的風俗，比如這一天要「浴蘭湯」，就是用香草水洗澡，看來端午節皇宮中少不得要集體上演美人出浴。另外皇帝還會給大臣們發紅包，不過裡面包的不是錢，而是糖果、粽子和金花，不過是圖個吉利表示慰問。

端午過後，六月六要曬書；七月七夕乞巧，是女孩的節日；然後是中元節，在七月十五，還要辦盂蘭盆會；接著八月中秋拜月團圓。這些節日各有各的慶典，一時間也說不完。接著要說的是重陽。「遙知兄弟登高處，遍插茱萸少一人」，皇宮裡無處

登高，但是卻可以賞菊。到了重陽節，宮中佈置下千樹萬樹盛開的菊花，還點起菊花燈，釀好菊花酒，供皇帝一個人賞玩、享用。當然啦，皇帝心情好，自然會叫來妃嬪陪同，還可以找藝術家們來現場表演。

九月以後，十月初一有寒衣節，文武百官要發新官服，皇宮上下也要換新衣服；十一月有冬至，要舉行一年中僅次於元旦的重大祭司慶典，宮中少不得也要慶祝一番。進了臘月，節日就又多了起來：臘八、交年（即小年），然後就又到了除夕。需要說明的是，臘八要吃臘八粥，正是宋朝發明的，而且是先從宮廷開始，再漸漸普及到民間。

大宋特別節日：皇帝的生日派對

大宋朝最特別的節日是皇帝的生日。前文說過，大宋皇帝的生日叫「聖節」，一個皇帝一個節日，個個都不同，例如壽寧節、承天節和乾元節。這裡說說趙佶的天寧節。

皇帝過生日當然要辦派對。趙佶是最講排場的大宋皇帝，他的生日派對非同小可。趙佶生在十月初十，這一天皇宮內外普天之下都要給他慶祝生日。實際上，早在他生日到來之前的一個月，也就是從重陽開始，宮裡就開始籌備佈置了。這些工作包括裝點、翻修，以突出節日氣氛，還有準備各種慶祝儀式和宴會所需要的東西。同時，宮廷樂隊還會經常演奏樂曲增添情調。

到了生日前兩天，武官們先行設宴，給趙佶預祝壽誕，拉開了大宋第一生日派對的帷幕。兩天後，生日派對正式開始，派對分設兩個會場：宮外大相國寺為主會場，由宰相率領文官們舉辦大型宴會；宮內設分會場，由皇后牽頭，各位妃嬪美人參加，擺下「美人宴」。

主分會場趙佶當然都要參加，對公務員和美人們不能厚此薄彼嘛！

吃了請當然要回請，趙佶一點不含糊，第二天又分別設宴答謝老婆們和公務員們。但是哪有讓皇帝答謝的道理？百官們不答應啊！於是，最隆重的祝壽儀式在十二日舉行。這一天，以宰相為首的百官們和趙氏宗族親王以下一干人等全體趕往紫宸殿，要給趙佶磕頭。磕多少呢？整整三十三個！就這強度，要沒有點體力還真堅持不下來。

受了如此大禮，趙佶又不好意思了，大家留下吃飯，把外賓們也都請來！於是，一場盛大的宴會開始了。這場宴會，光是正式的敬酒就要進行九次——三巡三巡再三巡，每巡酒還要配合不同的樂器、歌舞、演唱、百戲、相撲等表演。等這些儀式全部結束，大家還得自由發揮，直喝到天昏地暗才干休。接連折騰一個多月，大宋皇帝趙佶的生日派對才算辦完。

長知識——冬至吃餛飩

北宋時期，開封城裡過冬至不吃餃子，而是吃餛飩。開封俗語：「新年已過，皮鞋底破；大擔餛飩，一口一個。」

二十三 太后也垂簾，親政就放權

——后妃干政不容易

皇帝在中國封建時代處於權力的巔峰，「普天之下莫非王土，率土之濱莫非王臣」，那是多大的權威！不過皇帝不好當，皇位也不總是那麼穩當。像歷史上著名的呂后、武則天、慈禧，都是以后妃的身分干政，把皇帝變成了傀儡。在她們那個時代當皇帝，可一點都不好玩，更沒有「九五之尊」的滿足感。

大宋朝也不是沒有后妃干政，而且還真的出現了幾個有權有勢、垂簾聽政的厲害女性。但是卻沒有一個能掀起大的風浪，更不可能成為女皇。

女皇？大宋的女性不能為

大宋朝皇帝的后妃之中，第一個有機會也有能力效法武則天的人是誰呢？她就是民間傳說「狸貓換太子」故事中的「邪惡主角」劉皇后。

民間傳說不多講，這個劉皇后謚號章獻明肅皇后，但她最初不過是韓王趙元休（日後的宋真宗）的情婦，而且之前已有丈夫，她和趙元休還被趙光義棒打鴛鴦，逼得她偷偷摸摸做了十幾年的「小三」。不過，趙光義一死，先後改名趙元侃、趙恆的宋真宗兩任正妻相繼去世，劉氏總算苦盡甘來，從美人到修儀再到德妃，最終坐上了皇后寶座。

劉氏（民間都叫她劉娥，但估計不是她的真實姓名）能當皇后，實在是不簡單。史書上說她「善播鞀」，鞀就是撥浪鼓，擺弄這東西是貨郎的拿手好戲。劉氏的前夫就當過貨郎，看來她也跟著做過這種營生，而且應該沒什麼學問。但後來大概是她發奮學習了，因為真宗還能執政的時候，她就經常陪著真宗一起處理政務，而且不但能記住朝廷事務，還能徵引前朝事例，發表自己的意見。真宗病重時，她更是直接管事，替皇帝行使權力。正因如此，真宗死後，繼位的仁宗年幼，她自然就以皇太后身分垂簾聽政，成了最高決策者。

劉太后垂簾聽政前後十一年。在這十一年裡，她的權勢的確不小，宋真宗時候的權相丁謂被她罷免並且連遭貶謫，最後死在了光州（今河南潢川縣一帶），朝中的大小事務也都由她決斷。但是，劉太后沒敢過於專權，也沒有給娘家人太多特權，建立外戚勢力，而是重用了一批像王曾、呂夷簡這樣有能力的大臣，為後來宋仁宗開創「仁宗盛治」打下了基礎。

當然，劉太后也不是不想成為武則天第二，不過大宋朝的環境不允許，她也足夠審時度勢。有個叫程琳的大臣上了一幅《武后臨朝圖》，但是被她斷然拒絕了。因為劉太后心裡知道，如果她真的那麼做了，一定會激起大臣們激烈的反對。劉太后唯一一次表露心願是在攝政的最後一年，她穿上了象徵皇帝身分的大袞冕到郊廟去祭祀，但是大臣們也沒完全讓她如願，而是從袞冕上去掉了幾樣東西，讓她達不到天子的標準。這件事之後劉太后就還政給了宋仁宗，第二年，這位被評為「有呂后之才，而無呂后之惡」的大宋垂簾第一人就病死了，享年六十五歲。

過繼的兒子不貼心，喪偶的太后很受傷

宋仁宗並不是劉皇后的親兒子，不過畢竟是宋真宗的親生兒子。然而很可惜，宋

仁宗自己的兒子們相繼夭折，因此在他死後，引起了一場繼承人風波。

原來，宋仁宗到四十多歲還沒有兒子，只好過繼了堂兄的兒子，並把他立為皇太子，這就是後來的宋英宗。當宋仁宗駕崩、宋英宗繼位時，這位新皇帝已經三十一歲了，照理說他完全可以親政。不過英宗身體不好，而且剛繼位就得了重病沒法主政，所以有一年的時間是由宋仁宗的第二位皇后——慈聖光獻皇后曹氏垂簾聽政的。

曹太后家庭背景不錯，是開國功臣曹彬的後代，很有治國才能。宋仁宗在世時，一次宮廷侍衛作亂，全靠曹太后機智勇敢地化解了危機。

現在曹太后被推上了前臺，卻一點都沒有貪戀權位的意思。她很尊重大臣們的意見，也不培植自己的勢力，等英宗病一好，她就歸政於英宗。

照理說這位曹太后做得不錯，而且使命完成，可以安享晚年了。不過矛盾還是來了，英宗親政，想追封自己已故的生父濮王趙允讓。大臣們有兩種意見，一種說應該稱「皇考」，另一種說應該叫「皇伯」。到底封哪個好呢？孝順的英宗也想封「皇考」，但是曹太后不答應——「皇考」是爹，英宗多個爹無所謂，自己不是憑空多了個丈夫嗎？

這件事沸沸揚揚地鬧了三年多，曹太后始終不讓步，大臣們也爭論不休、各不相讓，沒辦法，古時候（尤其是大宋朝）對於名分就這麼較真。最後，還是在韓琦和歐陽修主持下，力排眾議給了死去多年的英宗生父一個「皇考」的名分。至於曹太后，有人說她受騙上當，醉酒後在奏章上簽了字；也有人說她終於被說服。總而言之，曹太后沒有固執到底，更沒有攪亂大宋的江山，最終還是順從了大臣們的意見。

我就坐這，讓你看大臣屁股

可憐的英宗才當了五年皇帝，給親爹爭來「皇考」的虛名不久就去世了，卻留下一個強悍的高皇后。治平四年（一〇六七）英宗病逝，其長子趙頊繼位，是為宋神宗。宋神宗做了十八年皇帝後去世，由他十歲的兒子繼位，即宋哲宗趙煦。趙煦年紀小，就又要有個垂簾聽政的人加以輔佐。這次是誰呢？就是宋英宗的皇后高氏。

高氏同樣家世顯赫，她的曾祖是宋初名將高瓊，她還是曹皇后的外甥女，被曹皇后視作親生，從小養在宮中，和宋英宗一起長大。因此當初她嫁給宋英宗時，有「天子娶媳，皇后嫁女」的說法。論輩分，高皇后是趙煦的祖母，所以她垂簾聽政的身分是太皇太后；而且哲宗年紀小，什麼事都要她來做主，不免讓她很有滿足感和成就感。

這位被後世稱為「女中堯舜」的高氏和劉太后一樣，很有政治才能，也算把大宋朝治理得不錯。不過她強烈反對王安石變法，一上臺就立刻召回司馬光，把宋神宗那一套變法制度來個全盤否定，也打擊了不少元豐新黨。然而，高氏對趙煦最大的影響不是她的施政綱領，而是她的專權和戀棧。當高氏和哲宗小皇帝共同上殿面對文武百官的時候，她坐在哲宗對面。大臣們呢？就全都面對著真正管事的太皇太后，沒人看哲宗，也沒人向哲宗請示彙報。您想啊，堂堂皇帝竟然被晾在後面，誰受得了？所以等到趙煦親政，他氣憤地說：老子當年光看你們的屁股和後背了！

太皇太后高氏自我感覺良好，於是一直坐在那讓趙煦看著大臣們的屁股，直到元祐八年（一〇九三）病逝，牢牢控制了權力八年。但是她依然沒敢有別的動作，也始終沒放鬆對哲宗的教育。她就是個嚴厲的老奶奶，雖然讓趙煦很鬱悶，卻也沒有大惡。

扳倒小權臣，換來大權奸

縱觀北宋王朝，能有機會垂簾聽政的太后、太皇太后不少，其中也不乏有權力欲望的。但是她們誰都不能，也不敢掀起大風浪。

北宋最後一位對皇權有重大影響的后妃是宋神宗原配夫人向氏，正是在她的力主之下，端王趙佶才能繼承皇位，成為宋徽宗。她也曾垂簾聽政半年，卻並未干涉朝政。

到了南宋，開頭的幾個皇帝交接都很順利，雖然中間發生了一次苗劉兵變，哲宗趙煦的隆祐皇后孟氏立高宗趙構之子趙旉為帝並垂簾聽政的鬧劇，但前後連一個月都不到，算不得干政。之後的幾十年間，也沒有出現后妃嚴重影響朝政的情況，直到宋寧宗冊立了楊皇后，情況才有所改變。

這個楊皇后和劉太后一樣，論家世沒什麼背景，但是很有點機謀，而且很漂亮，也很會討好皇帝。就像史書上說的，她幼年是「以姿容選入宮」，連自己姓什麼都不知道，只因為後來要在百官中找一個外援，選中了一個叫楊次山的武官認作哥哥，這才有了楊姓，並確定籍貫是會稽。楊氏晉升很快，從夫人到婕妤到婉儀再到貴妃，最後在正宮皇后韓氏死後，擊敗競爭對手曹貴妃，如願以償當上了皇后。

但是在楊氏競爭皇后的過程中，有人投了反對票，那就是寧宗朝權傾一時的宰相韓侂胄。從楊皇后能隨便認哥哥就可以看出，她在後宮中絕對是有心機有手腕的人物，所以她恨透了韓侂胄。當韓侂胄北伐失利，被迫和金國議和時，楊氏又勾結了大臣史彌遠，設計幹掉了韓侂胄，並把後者的人頭送到金國，換來了屈辱的和議。

從歷史上看，韓侂胄雖然給岳飛平反，但自己也算不上好人，可以說是一個權奸。但是楊皇后扳倒了韓侂冑這個小權奸，換來的卻是史彌遠這個大權奸。宋寧宗剛一死，史彌遠就逼迫楊皇后篡改遺詔，廢了皇太子趙竑，立趙昀為帝，是為宋理宗。在宋理宗任內，已經是太后的楊氏垂簾聽政了七年，在七十歲時歸政，第二年病死。她雖然名義上攝政，實際已經無法控制史彌遠，成了大臣的傀儡。而也正因為楊氏的權謀鬥爭，給本來已經風雨飄搖的南宋帶來更大的災難。

二十四 皇帝預科班好難，如履薄冰很危險

——太子教育不簡單

中國幾千年的皇權體制，玩的是「父業子承」的家族繼承制，皇帝們都夢想著「王朝基業，萬世不易」。基業能不能萬世不易且不說，皇位繼承人的選擇就並不容易，兒子多了不好選，沒有兒子選不成，選來選去再選個敗家子，家業很快就會被敗光，實在讓人頭疼。

大宋朝選皇太子很認真，從皇帝老子到文武百官人人挖空心思。只要有條件，還得對太子進行嚴格殘酷的教育，以便讓他能成為合格的皇帝。在這方面，最有代表性的是南宋第二任皇帝趙昚（宋孝宗趙伯琮），他的皇帝預科班生涯就很值得關注。

論如何成為皇儲

想成為皇帝接班人，當然最好是皇帝兒子，而且是長子，如果是皇后所出的嫡子就更好啦，所謂「立長不立幼，立嫡不立庶」就是這個道理。所以皇太子的最佳身分自然是皇帝的嫡長子，也就是皇后生的第一個兒子。其他兒子們都不那麼靠譜。兩宋十八帝中，宋神宗趙頊和宋欽宗趙桓都是這個身分，所以繼位也最自然。另外，南宋的最後三個皇帝趙㬎、趙昰和趙昺是三兄弟。趙㬎是老大，但因為是庶子，不是第一選擇，所以老二趙昰先當，趙昰死了才輪到趙㬎，最後是趙昺。兩宋其他身為皇帝兒子能繼承皇位的，像宋真宗趙恆、宋仁宗趙禎等，都是論資排輩，哥哥們死的死、瘋的瘋，或者實在擺不上檯面，這才輪到他們。

不過不是皇帝的親兒子也未必就沒機會，皇帝沒兒子或者兒子死光光，皇室宗親就會成為第二梯隊。大宋朝第一個這樣的例子就是前面提過的宋英宗趙曙。宋仁宗三個兒子全都早夭，他才從皇侄變成皇子，過繼給仁宗，最後接班。而宋徽宗趙佶情況也差不多，只不過他是哲宗的弟弟，不能算過繼，而且他是在哲宗死後由向皇后力主才當上皇帝的。

北宋滅亡，宋高宗趙構逃到臨安建立南宋。這位宋高宗本來有兒子的，然而他的兒子趙旉才三歲就死了。這時趙構已經不能生育，也就是不會再有自己的兒子了，皇室宗親有了希望。

要不要等等看自己還能不能生兒子？如果要選宗室子弟選誰？這兩個問題宋高宗很糾結很痛苦。直到趙旉死了兩年之後（紹興二年，即一一三二年），宋高宗才選了兩個候選人：趙伯琮和趙伯浩。這兩個人都是趙構的皇侄，但為什麼要選兩個人呢？因為宋高宗要搞入學考試，題目是放一隻貓在他們面前經過：趙伯浩大概比較頑皮，伸腳去踢貓。高宗說：「此兒輕易乃爾，安能任重任耶？」而趙伯琮估計是沒有踢。於是趙伯浩出局，趙伯琮成了高宗的乾兒子。

從資善堂到王府宮學

雖然成功地從宗子晉升為皇子，但趙伯琮現在還不是皇太子，並沒有正式成為接班人。而且兩年後（紹興四年，即一一三四年），他發現自己竟多了一個競爭對手——趙伯玖。看來，宋高宗並不想把所有雞蛋都放在一個籃子裡，也不希望大臣們認定趙伯琮就是未來的皇帝。這一年，趙伯琮七歲，趙伯玖四歲。又過了一年，皇帝預科班要開課了。這個皇帝預科班初級班的上課地點在臨安皇宮中的資善堂。這是從北宋真宗時傳下來的傳統，當時宋仁宗趙禎還是皇子，真宗趙恆還在大中祥符八年（一〇一五）就給他開了這個皇位先修班，後來就成了傳統。

從此，八歲的趙伯琮（此時已改名趙瑗並被封為建國公）開始了長達二十多年的預科班教育，直到宋高宗遜位，他當上了皇帝。他要學習的課程不必多說，反正是經史子集全都要涉獵，還得學習和瞭解本朝前任皇帝們的言行和光輝事蹟，到最後更要有各種觀摩和實訓。實際上，大宋歷代皇子接受的教育全都類似，宋真宗是大宋第一位以皇子身分接受教育的皇帝預科班學員，他說自己光是《尚書》就學了七遍，《論語》和《孝經》也都讀了四遍，可見預科班課程的繁重。

至於趙瑗的老師們，當然也都個個了不起。事實上，他的啟蒙老師就是宋高宗本人——預科班還沒開課，趙構就開始教他讀書認字。等趙瑗上了資善堂，他的老師就全是當時知名的大學問家。他的第一任老師范沖和朱震「皆一時明德老成，極天下之選」。范沖的祖父是仁宗朝的史學家范祖禹，他自己也編寫過《神宗實錄》和《哲宗實錄》；朱震則是經學大家，對《周易》很有研究。在資善堂學習了六年多之後，紹興十二年（一一四二），趙瑗離開皇宮，晉封為普安郡王，有了自己的王府。同時，他也升入皇帝預科高級班——王府宮學。

宋高宗對趙瑗的要求很高，不只是學問方面，還有品德修養以及忠孝禮儀。趙瑗一入學就被教導要對老師行「拜禮」，也就是要尊師。這個規矩一直沒改，甚至他後來有了自己的皇子，也同樣要求他們對老師要行「拜禮」，延續了這個傳統。同時，趙瑗還要學會忠孝，也就是對高宗這個君父要絕對服從並且認為天然合理。

一次，宋高宗寫了一篇《蘭亭序》贈給趙瑗，並且要求他抄寫一百遍。在老師的勸導下，趙瑗照做了，同時也獲得了高宗的好感。順便說一下，趙伯浩（後改名趙璩）當然也接受了相同的預科教育。《蘭亭序》宋高宗也贈給他一篇，同樣要求抄寫一百遍。不過，過了幾天老師再問，趙璩的回答是：沒抽出空來。就這樣，他失了一分。

步步驚心預科路

被宋仁宗內定為未來接班人的趙宗實（後改名趙曙）一直等到嘉祐七年（一〇六二），也就是宋仁宗去世前一年才被確定為皇儲。這中間他多次推辭皇家任命的官職，又幾次三番表示不想當皇太子，才最終獲得宋仁宗的信任，在第二年繼位成為宋英宗，這時候他已經三十一歲了。

可見不是皇帝親兒子想成為皇太子有多難，然而趙宗實是唯一的培養對象，趙瑗後面卻還有個趙璩，他的道路更加危險。

趙瑗被封為普安郡王之後，有一次宋高宗很高興，賞給他十名宮中的美女。趙瑗很有心計，他跑去問老師：「我爹送我美女十名，您說我應該用什麼禮節對待她們呢？」這時他的老師是史浩，這位世事洞明的老先生說：「你得像對待小媽一樣禮敬她們啊！」潛臺詞是什麼呢？她們是從哪來的？宮裡呀！那就是皇帝的女人，是你的母妃！那是你碰得了的嗎？別以為這是皇帝給你的糖果，這是炮彈！搞不好炸死你！

趙瑗很聽話，果然把她們供起來，加以優待。同樣已經被晉封為恩平郡王的趙璩也得到十名美女。而宋高宗當然不是只為了給兩個乾兒子送幾個侍女，而是別有深意。不久，他就調查兩批二十名美女的待遇，結果是趙瑗這邊禮敬有加，趙璩那邊多了十個小妾。問題很清楚，結果很明顯。據記述這件事的宋人張端義說：「大計由此而決。」什麼大計？當然是皇儲的歸屬，趙瑗勝出，趙璩敗下陣去。

恆心和耐心的考驗

當皇帝很難，當皇太子卻很煩心。皇帝老爹死得早，自己還沒什麼本事，更沒什麼勢力，很容易被人擺佈；可皇帝老爹老不死，就會害得人更著急，皇位遲遲不到手啊！

比如唐太宗李世民的嫡長子李承乾，貞觀元年就被立為太子，苦苦等了十七年也沒等到即位，結果最後因為謀反罪被貶為庶人，抑鬱而死，便宜了晉王李治。這一點，對於接受了二十多年皇帝預科班教育的趙瑗來說也是一樣。據高宗自己說，趙瑗小時候很笨，一篇文章讀了二、三百遍也讀不下來，讓他又是氣惱又是憂慮。但是單憑趙瑗肯讀二、三百遍，就說明他很有恆心，如果換了趙璩，估計早玩樂去了。

果然，趙瑗「鐵杵磨成針」，終於贏得高宗的讚譽，說他「後來卻恁聰明」。趙瑗堅定地沿著宋高宗給他指明的道路前進，尊師重道、忠君孝父，表現出恭順謙抑的品性，絕不敢跨越雷池一步。

不過就在趙瑗真正當上皇帝之前的一年，一次按捺不住的爆發險些斷送了他的前程。紹興三十一年（一一六一），金軍南侵，已被封為建王並賜名趙瑋的趙瑗竟然要求率兵出戰，迎擊金兵。這還了得？高宗頓時斷然拒絕。趙瑋還不知道自己錯在哪裡，又是史浩告訴他：「難道你忘了李亨在靈武即位的事嗎？」這個李亨是唐玄宗的三兒子，安史之亂爆發，唐玄宗自己逃命，封李亨為兵馬大元帥，結果李亨在靈武自己做了皇帝。安史之亂結束，李隆基卻淪落為太上皇，甚至嚇得不敢回長安。

趙瑋傻眼了，最後還是史浩幫他寫了兩封信給高宗道歉，才算消除了高宗的疑慮。第二年（紹興三十二年，即一一六二年）高宗禪位，趙瑋再次改名趙眘，終於畢業當上了皇帝，是為宋孝宗。

長知識——皇子難長壽

兩宋時期有名有姓，有史料可查的皇子一共有一百零七位，其中七成出生於北宋時期，三成出生於南宋時期，相對而言北宋的皇子成活率要高於南宋。根據統計，這一百零七位皇子的平均壽命為三十歲上下，而宋代社會平均壽命約為五十五歲左右，看來帝王家的子嗣也確實艱難。

二十五 命苦，除了皇親啥也不是

——大宋的公主和駙馬們

皇帝的家族實在是大，而在這個大家族中還有一個巨大的群體，那就是皇家公主和她們的夫婿們。中國歷史上一直沒有出現過「皇太女」，當然也更不會有「皇太婿」。不過在大宋之前，唐代的太平公主、安樂公主都曾權傾一時，安樂公主甚至差點就成了「皇太女」。由此可見「皇家半邊天」也不可小覷。然而在宋代，公主和她們的駙馬可就悲劇了。

◎公主有大小，駙馬武將多

兩宋三百年，趙家凡皇帝的女兒都屬於公主。不過公主也有不一樣的——輩分不同、時期不同，叫法也有區別。

公主這個詞最早是指「三公」主持「天子之女」的婚禮，所以慢慢就變成了皇帝女兒的代稱。在漢朝的禮制中，公主有三種：皇帝的女兒就叫公主；皇帝的姊妹叫長公主；皇帝的姑姑叫大長公主。三個輩分，三種稱呼，看來公主也是分大小的。後來，唐宋兩代都繼承了這個禮制並且又延續到明朝，所以大宋公主也有三種：公主、長公主、大長公主。

根據從史料中統計來的數字，從趙匡胤和趙光義早亡的姊姊陳國長公主，和開寶六年（九七三）去世的妹妹燕國長公主開始（這兩個人分別被後來的皇帝封為荊國大長公主和秦國大長公主。因為論輩分，她們已經是後來那些皇帝們的姑奶奶了），兩宋三百年共有「各級各類」公主九十名。其中北宋占了八十二位，南宋才八位。而這些公主在趙佶時代的末期還有另外一種叫法——帝姬。這麼叫聽起來有點像皇帝的姬妾，而且什麼都愛挑剌的大宋朝文官們一考證，說古人叫女人都只稱呼姓，姬姓是周的國姓，然而大宋皇帝自認遠祖是商朝，這麼叫不合適，所以廢止了，還是叫公主。

公主也要嫁人，她們的乘龍快婿叫作駙馬。駙馬其實是駙馬都尉的簡稱，就是在皇帝的車隊裡負責駕駛皇帝座駕之外那些車輛的官員。大概皇帝出門要帶著女兒，給女兒趕車的小夥難免和女兒日久生情；又或者皇帝認為加入自己的車隊非親信不可，用兒子不合適，用女婿正好。反正後來有好幾個皇帝給女婿封了駙馬都尉的官職，於是駙馬也就成了皇帝女婿的代稱。

大宋朝公主不少，駙馬卻只有三十一位，因為有差不多三分之二的公主們不是沒結婚就死掉了，就是當了尼姑道姑。在這些駙馬中，有一大半是武將或者武將的後代。為什麼呢？因為趙匡胤「杯酒釋兵權」的時候，曾經許諾「我且與爾曹約為婚姻」，咱們世世代代當親家，你們可別造我的反。趙匡胤的子孫後代們，倒是堅定地貫徹了這個方針。

生為皇女鎖深宮，娶來公主沒朋友

生為公主那可是金枝玉葉，身世絕對高貴，待遇更不用說。就說工資吧，大宋朝剛開始，公主的月收入就有一百五十貫，趕上節慶還有獎金五十貫，而且才到趙光義至道年間（九九五～九九七）就漲到了三百貫，絕對屬於高薪階層。公主出嫁還有奢華婚禮、巨額陪嫁，光是皇家置辦的嫁妝就有幾十萬貫，完全是瞬間變身億萬富婆的節奏。照理說，無論是生在大宋當公主還是落戶皇家做駙馬，絕對都是令人興奮的事，然而大宋的公主們未必幸福，願意當駙馬的人也不多。

為什麼呢？宋朝是個講禮儀的時代，貴為公主也要受到嚴格的約束。大宋朝從趙匡胤時開始就謹防各類人的奪權行為，無論是文官武將、后妃外戚，還是皇子宗族、公主駙馬，全都在防範之列。尤其是後面這幾種，連權力的邊兒都摸不著，時時刻刻受到監督和管制，簡直就像籠子裡的鳥兒，哪有什麼自由？

就說公主，她們生在皇宮，又是女性，從小就被限制在宮牆之內，完全在封閉的環境裡長大，出宮一次都難，更何談見識大千世界？就算她們結了婚有了自己的家，也要遵守很多禁令——不准設置自己的官吏，幫忙管理的人不准超標，而且她們的家不能叫府，只能叫宅。她們不能隨便出門，出了門也不能半路在街市上隨便下車，更不准隨便接見官員。例如超標這種事：宋仁宗長女被封為袞國公主（即有名的福康公主），只因為宅子蓋得大了點，家裡用的人多了點，諫官們盯住她不放，一次次告她的狀。最後皇帝沒轍，把幫她管家的官員遣散了一大半，只留下四個，才算了事。

娶了公主的倒楣蛋駙馬，和公主享受的待遇也差不多。既然成了皇家的人，自然就要遵守皇家的規矩，例如不能隨便見客。還是那位袞國公主，她的駙馬名叫李瑋，是宋仁宗生母李宸妃的侄子，宋仁宗的表弟。這位攀上高枝的駙馬爺文采不錯，書法也很好，還會畫畫。他一心想結交點文人雅士，於是專門寫了個奏摺懇請宋仁宗批准他在家接待客人。宋仁宗倒還算開恩，特許他見客，但是卻規定：他所有接見的客人，要列出名單上報。

駙馬沒實權，後代當官難

沒朋友就沒朋友吧，能攀上皇家這個高枝也不錯。再說，當上駙馬可就成了「最高級」女婿，老丈人就是皇帝，想當官還不容易？實際上沒這麼簡單，趙匡胤定下的規矩就是要防範駙馬這種人，怎麼會輕易地把大官給這種人做？北宋畫家王詵娶了英宗的女兒寶安公主，官封左衛將軍。這官名聽起來雖然響亮，卻只是虛職，沒有實權。後來宋哲宗趙煦繼位，王詵又當上了團練使，還是虛職。

實際上，根據大宋朝的規定，對駙馬只能封給環衛將軍、刺史、團練使、節度使這樣的榮譽官銜，而不能有實際職務。比如福康公主的那個倒楣女婿李瑋，最終官職是平海軍節度使、檢校太師，都屬於「員外官」，也就是編外人員。

當然啦，身為駙馬想要得到重用也不是絕對不可能，趙光義的女兒雍國公主嫁給了宋初宰相王溥的孫子王貽永。這位雍國公主太短命，王貽永也夠倒楣，兩個人結婚才一年，雍國公主就死掉了。但塞翁失馬，焉知非福，又過了三十多年，王貽永時來運轉，當上了樞密使，第二年又晉封同中書門下平章事，真正掌握了權力。然而，這個好運氣來得也太晚了一點。

自己只能混個榮譽官銜，子孫後代想當個官總行吧？也難。宋仁宗的另一個女兒魯國大長公主，活了八十五歲，經歷了七朝皇帝，可謂大宋奇跡。到了南宋時，論輩分她已經是宋高宗的太祖姑母，在皇族裡地位沒的說。然而她第一次求宋高宗恢復她的兒子在宋徽宗時候的官職，宋高宗答應得就很勉強，而且一再告誡她下不為例。果然，當她又要求宋高宗給她兒子升官，宋高宗就說什麼也不答應了。後來，她又厚著臉皮找宋高宗，給孫子求官，趙構拉不下面子，想隨便封個皇家博物館館長（直密閣）的官，然而大臣們一致反對，最後只好撤回任命，給了一個指揮使的虛職。魯國大長公主以皇帝太祖姑母的身分給兒孫說句話都不行，當駙馬也真是窩囊。沒朋友，沒實權，子孫後代的出路都不好混，難怪很多人不願意娶公主。

公主溫柔恭順，謹守婦德

雖然在宋代當駙馬有這麼多不爽，不過畢竟地位高、待遇好。而且最重要的是，當宋朝公主的駙馬總算還有點尊嚴。

大宋朝的公主們雖然出生在皇家，不過三從四德學得好，而且從小受到嚴格的教育約束，為人低調不張揚，不擺皇帝女兒的架子，基本上算是賢妻良母，還是值得擁有的。

在這些人之中，最有代表性的是那位王詵的夫人，宋英宗之女寶安公主。您別看她貴為皇帝的女兒，卻一點都不比古時候那些「女德模範」差勁。她嫁給王詵，就一心一意地照顧王家。王詵的母親是寡婦，公主就把自己的居室設在婆婆臥室旁邊，每天端菜送飯。婆婆病了，她又親自配藥，服侍得異常周到。

這個王詵品行不大好，其實就是好色。他發現公主為人恭順而且謹守婦德，就漸漸地不把公主放在眼裡，而且越來越放肆。公主生了病，他竟然和小妾在公主的病床旁，當著公主的面任意胡為，還縱容小妾辱罵公主。然而即使如此，這位善良的妻子也沒有責備他，更沒有去找娘家人告狀。直到公主病危的時候還向宋神宗求情，希望能讓被貶的王詵官復原職。而宋神宗為了安慰她，滿足了她的要求。若不是公主死後，她的乳母告發，王詵還會逍遙法外。

長知識——宗室的婚姻管理

宋朝對宗室的婚姻管理也有一定之規，比如宋仁宗時期下令禁止宗室子女與商賈之家結親。但對經濟收入堪憂的宗室家庭來說，能帶來真金白銀的婚姻才是首選。宋人筆記就曾記載，在開封有一個經營帽子生意的富商田家，前後迎娶了十位宗室縣主（親王、郡王、國公之女封縣主），每次婚姻聘禮不過五千貫。

二十六 御宴烹製專人管，飯菜進奉要求嚴

——御廚總是高風險

大內宮廷之中，帝王和皇家的生活總有許多祕聞吸引著老百姓的眼球。所謂衣食住行，吃可以說是最重要的，「民以食為天」，「食色，性也」嘛。皇帝也是人，每天也要吃飯。何況他還有一大家子，更要經常聚會請客，可見吃飯在宮廷生活中絕對是頭等大事。

頭等大事自然要頭等重視。皇帝吃飯，不論家常便飯還是請客聚會都叫御宴。御宴總要有御宴的規格，更得有御宴的排場，那可不是老百姓「開門七件事」比得了的，非得由皇家餐飲事業的專門機構——御廚來管理不可。

團隊大、分工細、職責多

一提起御廚，您的腦海裡肯定出現這樣一幅畫面：在一個超級豪華的大廚房裡，堆滿了山珍海味和各種精美的食材。身懷絕技的大師傅們忙得熱火朝天，烹製出的珍饈美味色香味俱佳，擺放在各式各樣的高檔金銀器皿之中熱氣騰騰，旁邊一罈罈玉液瓊漿酒香四溢。花枝招展的宮娥和衣裝高貴的內侍往來穿梭，將這些美酒佳餚飛快地運送到深宮內院之中，給皇帝享用。

沒錯，想像起來御廚差不多也就這樣子。不過，這只是御廚忙碌的一個場景，遠遠不是它的全部。其實，作為專門為皇家和皇帝本人提供餐飲服務的機構，御廚是一個龐大的團隊，而且有著精細的分工，擔負著眾多的職責。

在大宋朝，御廚最初只是個獨立部門，後來又先後成為光祿寺及分屬尚食局、太官局的分支機構。而且御廚本身也不只是廚房，它下面還設有四個官署，分別是：太官署、珍饈署、良醞署和掌醢署。這四個部門又分別是幹什麼的呢？珍饈、良醞都容易理解，不就是美食和美酒嘛！不過珍饈主要指藥膳，也就是負責皇家尤其是皇帝本人的滋補養生；良醞署下除了有法酒庫掌管祭祀用酒，內酒坊負責釀造宮廷御酒，還有乳酪院專為皇家製造乳製品。

而太官署則是御廚中最重要的部門，祭祀供奉用的祭品、皇帝的三餐、宮廷御宴的菜肴全都由它製作和提供。這個太官署，從牛羊的剝皮開膛、雞鴨的拔毛清洗，到各種菜肴的烹製再到擺盤上菜全都要管，一整個御廚房外加前廳服務，需要的人手最多。還在唐代的時候，太官署的服務生就有兩千四百人。到了宋代，皇帝舉行大型宴會的時候，御廚僅在集英殿上就要安排六百人的服務團隊，可見規模的龐大。至於掌醢署，「醢」就是魚醬、肉醬，所以掌醢署實際就是皇家菜廠。

此外，御廚裡還有太官物料庫、外物料庫等庫房，飼養牛羊的牛羊司，專管油鹽醬醋的油醋庫以及負責乾鮮果品、茗茶湯藥的翰林司等部門。「小小」一個御廚，還真是複雜！而御廚的職能，正如前面說的，是包辦皇家一切吃喝宴飲和祭祀貢品，包括葷素膳食、牛羊犧牲、果品祭品、酒水飲料以及各種湯餅主食等等，絕對是工程浩繁，一年到頭也沒個盡頭。

全程監控，保質保量

給皇帝和皇家提供餐飲服務不容易，而且責任重大，所有主食、菜品、酒水品質要高，數量要足，不能以次充好，更不能缺斤短兩，還得保證一流的色香味，讓皇帝和所有食客們體驗到感官上的享受，實在是很難。為了讓大家吃得舒心滿意，大宋朝對御廚制訂了一整套監督和管理辦法，保障服務品質。

御宴餐桌上的美食，從出庫開始就受到嚴格的管控。負責皇帝和宮中其他人日常膳食的是內侍，也就是後來我們說的宦官。這些傢伙仗著是皇帝身邊的人，到了御廚庫房經常想要什麼要什麼，想要多少要多少。這怎麼行？為此，大宋朝規定了宮廷餐飲原料的預算和審批制度。

每個月內侍們要提前提出計畫——肉類蔬菜果品等各有多少需要，然後呈報到三司，經過批准發給領料和出庫的憑據，再由內侍和管庫官員仔細驗對才能支取。

食材到了御廚房，要精挑細選、清洗乾淨，然後才能開始烹製，而整個烹製過程更要嚴格監控，保證中間不能出現一點差錯。就說那些御廚房的大師傅們，他們不單要技藝高超，人人都能做幾道拿手好菜，更要品行端正、忠實可靠，不能有前科劣跡，這樣才能保證他們在做菜的時候不會製造禍亂，危及皇帝和任何大人物的健康和生命。但是，光靠大師傅們的忠誠顯然還不夠，也沒法讓皇帝放心。尤其是每逢大型宴會的時候，大師傅們在這邊做菜，旁邊總要有那麼幾個人走來走去，他們是奉命監督，嚴格把好烹飪過程的每一關，嚴防事故發生。

負責監督的一般是御廚使、御廚副使，也就是御廚的主管官員。此外，宮中的內侍也會到現場檢查，對杯盤碗碟的清潔程度、主食菜肴酒水的品質和上菜的速度進行嚴密的審查，隨時發現問題，隨時糾正和彙報。

規範操作，衛生安全

有如此嚴格的全程監控，大宋御廚出品的御宴在食品衛生方面絕對沒的說。不過皇帝要防範的絕不僅是飯菜不衛生，酒水摻假這樣的小事，更要隨時提防有人下毒要了他的性命！

御廚最重要的服務對象就是皇帝，而且每天都要提供膳食給皇帝吃，哪怕是一個不小心被人鑽了空子，皇帝就有性命之憂。為此，無論是御廚還是皇帝身邊的人時時刻刻都要擔驚受怕，而且要想盡一切辦法防患於未然。前面提到的監控過程大體上保證了送到皇帝嘴邊的食物不會有大問題，但卻不敢說萬無一失。這時就要靠最後也是最保險的策略發揮作用啦，那就是試吃。

大宋負責試吃的是尚食局的官員們。只要是送到皇帝面前，可能進入皇帝腸胃的食物就必須先端到他們面前，經過他們試毒牌的測試、嘗膳，確保驗證無誤後，皇帝才可以吃。您可能覺得這個差事可真不錯，什麼好吃的都能嘗一嘗，而且還排在皇帝前面。這麼想可就大錯特錯了！

試吃這份工作的危險不說，要是沒點「肚量」，還真幹不了呢！您想啊，大宋皇帝們「常膳百品」，普普通通吃頓飯就要一百多道菜，每樣吃一口也要撐爆了。要是趕上大宴會，菜品還指不定有多少，飯量小了不撐死才怪。

您又要問了：難道就不能多派幾個人試吃嗎？估計不行。皇帝要吃的東西豈是別人隨便可以分享的？要不是為了保命，皇帝連這個品菜官都不肯設哩！再說如果這項工作沒點難度，大宋律法就不必規定「不品嘗者杖一百」了，有好吃的誰不願意去吃？

除了怕人下毒，食物搭配禁忌也是要絕對避免的。所謂食物搭配的禁忌，主要的依據是《食經》。根據這本古代飲食和烹飪方面的權威著作，很多種食物不能兩兩搭配在一起食用。一個有趣的例子是：按照《食經》說的，莧菜和鱉肉不能一起做，估計是吃了會中毒，不知道是什麼道理。

在這些重點防範措施之外，還有一個細節值得一提，那就是在皇宮裡上菜有什麼規矩。在影視劇中，您可能看到過宮女太監們端菜都高高舉過頭頂。沒錯，大宋宮廷服務生也都要這樣做。這不僅是為了表示恭敬，同時也是為了食品衛生。萬一哪個服務員不小心打了個噴嚏或者咳嗽一聲，鼻涕唾沫都到了御膳裡給皇帝吃，那不是豈有此理嗎？

實際上，端飯送菜不光要舉過頭頂，還要「以繡籠袱蓋合上」，避免落入灰塵和穢物。

若有違犯，嚴懲不貸

規矩再多，程式再嚴，要是沒有相應的懲處手段，也不會引起重視，令人嚴格遵守。正如前面說的，試吃官如果不肯試吃或者有遺漏，就要「杖一百」，屁股上打一百大板，打得半條命也丟了。而違反了其他規定，也都有相應的罪責。在這些懲罰中，最重的是「食禁」，也就是食物的搭配和配伍禁忌。給皇帝烹製御膳時如果違反了，主廚要絞死。就算不是給皇帝吃，只是賜給百官的，犯了「食禁」主要責任人也要「杖七十」；哪怕是誤犯，「笞五十」都是免不了的。

另一條重罪是帶藥物到御廚。不管是誰，把藥帶到御廚就有可能混到食物之中，食物裡下了藥就算不是毒也有危險，所以堅決不能允許。這種事一旦發生，當事人也要判處絞刑。

不管是犯「食禁」還是帶藥入御廚都有可能危及皇帝的生命，量刑如此嚴重不難理解。然而僅僅是食物不清潔、冷熱不適當也可能要吃官司。根據規定，御膳裡混入了「穢惡之物」或者春天的飯食不是溫的，夏天的湯羹不是熱的，相關責任人流放兩年！

由此看來，皇帝吃飯提心吊膽，給皇帝做飯也不好幹，御廚這一行，實在是個高標準嚴要求的活兒！

第五章

有歧視也有尊重，女性地位並不低

提到封建社會中的女性，
很多人想到的是她們在「三從四德」的道德規範下，
受歧視受壓迫的社會遭遇。
其實在宋代，
婦女的社會地位並不像後人想像的那麼低，
女性擁有一定的受教育的權利，
還享有財產權、離婚的權利和改嫁的權利，
可以說是有歧視也有尊重。

二十七 文藝女青年是這樣煉成的

——天天向上的大宋知識女性

對於大宋女子來說，填詞對句、琴棋書畫什麼的不過是雕蟲小技，就連垂簾聽政、建築設計這種高難度技能，她們都有本事耍弄得得心應手。毫不誇張地說，在大宋，上至宮廷之內、官宦之家，下至蓬門蓽戶、青樓酒肆，文藝女青年比比皆是。正可謂：古代女子教育哪家強，中國大宋最輝煌。

教育面前，男女平等

經歷過五代十國的亂世，大宋統治者明白，要想江山一統，萬民歸心，單靠中央集權是遠遠不夠的，還必須將輿論導向抓在政府手裡。

不得不說，宋朝的皇帝們在這方面做得非常好，他們尊崇儒學，大興科舉，帶頭讀書學習。宋高宗趙構就曾說過，「書不惟男子不可不讀，惟婦女亦不可不讀」。看吧，皇帝都表態了，女子讀書是必須的！就連理學的宣導者、理學家朱熹，也曾公然表示，女子除了《孝經》和《論語》外，還應該學學《女誡》和《溫公家範》。毫不誇張地說，宋朝不但沒有出現過反對女子接受教育的言論，才名在外的女性還會受到人們的普遍尊重，知識改變命運的例子也不少見。

就拿宋寧宗的楊皇后來說吧。她還是少女時就因為貌美被選入宮中，後來被寧宗冊封為貴妃。楊姑娘當上貴妃不久，寧宗的原配皇后韓氏就去世了。這對於後宮嬪妃來說，可是個「扶正」的大好機會。楊貴妃很聰明，她知道只靠容貌沒有競爭優勢，畢竟後宮缺什麼都不會缺美女。這不，楊貴妃在內涵上下起了功夫，她「尤自抑勵，讀書飾己」，很快就博取了賢慧的名聲，一舉完勝眾妃，被冊立為皇后。看吧，大宋女子要好好學習，天天向上，才有可能掌握自己的命運！

階層不一樣，所學大不同

按照階層不同，宋朝女子大體可分為四類：宮廷女子、仕宦之女、平民碧玉、倡優婢妾。分屬於不同階層的女子們，接受教育的方式和學習的內容也有著顯著的差別。

宮廷女子以皇室成員為主，太后、皇后、後妃、公主、宮女……數不勝數。有唐朝後妃干政，外戚專權的壞例子在先，宋朝皇帝選妃時首先看重品行而非家世，很多小官員之女，甚至平民之女紛紛入宮為妃。

身為皇帝的枕邊人，未來皇子皇女的母親，德行很重要，女德順理成章地成為女子教育的重中之重。

宮廷女德的最高標準概括起來就四個字——不得干政。說不干政就不干政了？後妃們能這麼聽話嗎？這就需要一些約束手段了。宋仁宗時期，張貴妃很受寵，一個叫王拱辰的官為了升職，將一個名貴的定州紅瓷進獻給張貴妃，企圖走夫人路線。結果，仁宗知道了這件事，拿起瓷器就摔了，還非常嚴厲地斥責貴妃：「讓妳們不要接受官員臣屬的饋贈，妳非不聽，安的什麼心啊！」還有一次，仁宗的另一位寵妃，在為他梳頭時詢問政事，得知諫官建議仁宗放出部分宮人，竟然撒著嬌勸仁宗不要採納這條建議。後妃干政了，後果很嚴重，這位寵妃當即被仁宗驅逐出宮。仁宗的皇后以此為例，教育後妃「皇上最不喜歡干政的女人了，妳們要好自為之」。

德行以外，禮儀也很重要。大宋宮廷設有「內宰」「副宰」等行政機構，由熟知禮儀的女官擔任教官，負責教導後妃宮女們學禮儀，懂規矩。像年節慶典、後妃封賞、公主出嫁、回門等重大事件，都有嚴格的禮儀規程。要是誰行差踏錯，丟人現眼還不要緊，還很有可能就此失寵，很難再承歡君前。

當然啦，文化知識也是必修課。為滿足後宮女子們的學習需求，宮中有特設了教育機構。宋仁宗乾興元年（一〇二二），在掌管禮儀的女官「尚儀」之下，設有「司籍」職位，編制二人。除了負責經史子集的日常教學外，還可以教授書法。司籍之下，又設有典籍、掌籍和女史，編制分別為二人、二人、十人。後來，趙佶又設立「司教」，同樣用於輔導宮人們學習文化。

咦，御花園那邊好熱鬧！空地上，女子馬球隊正激烈對壘；涼亭邊，兩位宮妃在下棋，湖邊還有一位彈著琴，宮廷女子的娛樂生活挺豐富呀！沒錯，不過人家這也是在受教育。實際上，宮中女子的遊藝教育也很重要，博戲、對弈、彈琴、歌舞……應有盡有！這些教育的目的，不單教她們自娛，也是為了取悅皇帝。

啟蒙教育靠父母，共同進步有夫君

相比宮廷女子所學內容的豐富，官宦人家的女兒需要學習的內容就簡單多了，

《孝經》、《論語》、《詩經》、《禮記》、《列女傳》、《女誡》都是必讀書目，選讀書目則視每個家庭的實際情況而定。保守一些的家庭偏重女德教育，開明一些的家庭更偏重詩詞、歷史等文化知識。

宋代的教育理念還是比較先進的，千年前的宋人已經深諳「父母是孩子第一任老師」的道理，家庭教育在整個教育體系中占的比重極大。尤其對於那些不能入官學的女子來說，家庭教育尤為重要。

北宋女詩人謝希孟和她官至禮部侍郎的哥哥謝景山都曾由母親啟蒙教學。兄妹倆都擅長填詞作賦，留有百餘篇佳作傳世，這和他們母親的言傳身教是分不開的。著名女詞人李清照也得益於出色的家庭教育。論拼爹，她的父親李格非官拜禮部侍郎，對《禮記》深有研究，就連蘇東坡都對其讚賞有加。論拼媽，她的母親是狀元王珪的長女，沒出嫁時就已才名在外。有這樣的父母，李清照能有後來的成就也就不足為怪了。

論起重視家庭教育的程度，蓬門小戶也不遑多讓。湖州有一位姓吳的秀才，終身未能進士及第，混得家徒四壁，卻將滿腹才學傾囊傳授給女兒淑姬。吳淑姬也很爭氣，不假思索就能下筆成章，被圍觀者交口稱讚。

不過，宋代也不是人人都飽讀詩書吧？父母目不識丁怎麼辦？這個也沒事。前面說了，宋朝重視女子教育，但女子教育的內容並不侷限於詩書禮樂，還可以學點專業技能。傳說宋代著名建築工程師俞皓的閨女，她睡覺時都「交手於胸為結構狀」，十多歲時就寫出了三卷木工專著《木經》。小小年紀就有了這樣的成就，俞工程師功不可沒啊！

您說了，古代流行早婚，又沒有計劃生育，姑娘十三四歲就嫁人了，家庭教育再好有啥用，全被尿布淹沒了。這您可想錯嘍！離開了父母還有丈夫呢，丈夫可是大宋女性接受再教育的重要人物。當然，這時的教育已不是簡單的傳授、說教，而是互相滲透、互相學習了。

李清照、趙明誠這兩口子就不用說了，人家那是男女文青情投意合，共同進步的經典案例。胡文楷在《歷代婦女著作考》中記載了這樣一個故事：宋代有個姑娘叫史炎玉，她不愛梳妝打扮，也不會縫補衣服下廚做飯，唯一的愛好就是寫寫字，填填詞。史炎玉的丈夫叫張子履，他對妻子很寬容，妻子作一首詞，他也緊跟著作一首，然後夫婦倆互相尋找對方的不足，改進後再來一首……久而久之，兩人的詩詞水準都有了提高。後來，史炎玉將自己和丈夫的詞作整理成一本《和鳴集》，傳為當世佳話。

其實在宋代，像這樣夫妻相互學習，共同進步的例子數不勝數。但無論是父母教導還是夫婦自學，都是建立在起碼有一方有文化或一技之長的基礎上，如果父母沒文化，自己沒文化，嫁個丈夫還是沒文化，女子這輩子是不是只能當文盲了呢？這可不然，家庭靠不住，還有社會呢！

塾師、技師加俗講，學習不愁沒途徑

宋代官學不招收女學生。但宋代的學風十分開明，女子可以光明正大和男子坐在一起接受教育。您覺著有點矛盾？才不呢！提示一下，高考落榜生上不了公辦高校，還有個民辦高校等著呢，只要能學到真本事，公辦、民辦都是浮雲……就知道您一點就透，沒錯，宋代的私學很發達，而且，男生可以來，女生也隨便進。

在開封府的街頭閒逛，稍微注意一下就會發現，商販的吆喝聲之中，總是摻雜著琅琅讀書聲。走遍城內城外，大街小巷，到處都有規模不等的學堂。宗學、京學、縣學這類學堂不用說，公字當頭。此外更多的是鄉校、家塾、舍館、書會……用今天的話說，私立大專、中專學校、國學培訓班、加強班到處都是，再長兩雙眼睛也不夠看的。

就像小說話本上說的那樣，辦私學、私塾的多是落第秀才、潦倒文人，只能靠辦辨培訓班養家糊口，這種人被稱為「塾師」。可別小看塾師們，對於無法進入官學，沒錢延請老師的平民女子而言，這已經是最佳教育管道了。浙東羅仁卿的女兒羅惜惜，和一名叫張幼謙的童子從小師從同一位塾師，成年後結為連理（此事被明朝的馮夢龍寫入《初刻拍案驚奇》）。宋代名妓溫婉也曾進入私塾讀書。當然，進入私學讀書的女子們大多出身平平，系統化學習是談不上，也就是背誦一下儒家經典、啟蒙篇章而已。

對於更多的平民女子而言，家中有藏書的很少，她們學習的內容多為廚藝、女紅等實用性技藝。至於倡優婢妾，所學自然多是歌舞、詩詞等「專業技能」，為的是給自己的職業生涯多加點籌碼。

大家都知道，唐玄宗專寵楊貴妃，曾造成民間「不重生男重生女」的風潮。在宋朝，這股風潮依然盛行著。很多人家，尤其是不太富裕的人家，把女兒視若珍寶。女兒還在牙牙學語之時，就不惜花大錢請來技師傳授技藝。當然，這類技藝主要是歌舞管弦等娛樂之技，技師也多是當紅名伶舞姬。一旦自家女兒技藝超群，就有可能被官宦人家看中，收為樂伎或寵妾，而父母也會從女兒身上賺取大把銀子。這不是赤裸裸的「賣女求榮」嗎？沒錯，這種事不光您看不慣，當時的士大夫也看不慣。可是，大宋經濟太繁榮了，各類家樂、家伎、歌館舞肆等娛樂場所空前興旺，女子就業單位和機會相當多，家長的行徑也就禁無可禁了。

這麼說，難道大宋女子教育真就如此發達，基本達到掃盲程度，人人都能有文化，至少也有個一技之長了嗎？那倒也不是。不過就算大字不識一個，照樣可以「受教育」。這時候，就該大宋的又一特色教育模式——「俗講」發揮作用了。所謂俗講，其實就是僧人到鄉野間去宣講佛經故事，以因果輪迴勸人向善。這種教育形式最適合目不識丁的大媽大嬸們，她們的人生觀、價值觀，正是靠這些「信仰教育」形成的。

二十八

宅女也瘋狂，出遊消費忙

——遊玩購物是本能

大宋女子的才學真是讓人羨慕不已啊！當然啦，這畢竟是大宋，女子受到禮法等的限制，要遵守婦德，平時在家裡要規規矩矩，更不能隨便出門，可謂「超現代」宅女，比今天的女孩子不知道「宅」多少倍。

比起現代社會，大宋女子出門的機會不算多，不過，人家會玩啊！沒有扛起半邊天的壓力，她們能玩會花，玩起來暢快淋漓，花起來毫不手軟，那氣魄，那花樣，相當的瘋狂。

調個情，幽個會，來個浪漫私奔

前面已經瞭解到，大宋朝的節日五花八門。當然，佳節美景，哪個也少不了女子的參與，不然一群大老爺們有啥過頭。這麼多節日，哪個最受大宋仕女的歡迎呢？如果舉行投票，上元節的票數絕對遙遙領先。

鬧元宵啦！鬧元宵啦！快來看，御街兩旁，各色花燈堆積成山，諸般商品琳琅滿目……哎哎，您走神了，咱可不是來賞燈聽曲兒的，不是要看看女性們怎麼過節嗎？滿大街人山人海，香車寶輦。嗯，美女少婦丫鬟婆子的確不少，誰叫這是女子可以堂而皇之通宵遊玩的好日子呢！注意到了沒，遛彎的年輕姑娘們，幾乎都是名花有主的，緊緊牽著小手甜蜜傻笑的情侶，滿大街都是。

咦，他們怎麼全都跑向宣德樓了？那不是皇宮嗎？您看，站在宣德樓上的那位黃袍帥哥，不正是咱們的道君皇帝（趙佶）嗎？不過，這股濃郁的酒香味，我得給您解釋解釋。您運氣真好，碰上了一段典故！

撇去皇帝這個頭銜來說，趙佶可是不折不扣的風流才子，書畫雙絕，還特有浪漫情懷。這不，他看到滿大街的小情侶，耳鬢廝磨，言笑晏晏，「少說也有五千來對兒」，龍心大悅之下，決定每人賜酒一杯。御酒喝了，盛酒的金杯可不能帶走，這都是宮裡的東西。不過，就有一位姑娘膽大包天，一口乾了美酒後，居然順手把金杯藏進懷裡。當著皇帝的面就敢做賊？宮廷侍衛可不是吃素的！這不，立刻把她抓到皇帝跟前審問去了。前面說了，大宋姑娘不管窮的富的，大都會讀上幾本書，能吟出幾句詩，這姑娘也不例外。人家大大方方，順口念出一首《鷓鴣天》。一句「歸家恐被翁姑責，竊取金杯作照憑」，引得趙佶轉怒為喜，不僅赦免她無罪，還將金杯賜給了她。

不就是看燈和老公走散了嗎，還需要偷個杯子回家當證據？這您就不知道了。您是不是覺得，這麼多情侶都是男未婚女未嫁，或是正式夫妻？實話告訴您，閨女密會情郎不稀罕。

在古代那種男人三妻四妾、女子從一而終的社會，女子和情人見面必須得偷偷摸摸。只有在上元燈節，借著夜幕和人海、燈海的掩飾，才會明目張膽出現哩。不過，大街上拉把手不算什麼，要溜達到燈少人稀的背陰地，或郊外的樹林裡，那才夠看呢！很多詞人都描寫過上元節密約幽會的盛況，比如「驀然回首，那人卻在燈火闌珊處」，「月上柳梢頭，人約黃昏後」等等。

您先別歎氣，還沒講到上元節的重頭戲哩。啥？私奔？別驚訝，這種事絕不罕見。上元節通宵狂歡，人流如潮，城門大開。天時地利人和，此時不走，更待何時。

說到私奔，《醉翁談錄》裡就記載了一個私奔故事。大多私奔者都是郎有情妾有意，這一對呢，之前卻互不相識。某一年元宵節，一位姓李的姑娘不滿意身為太尉妾室的生活，在出遊時偷偷將自己的香囊和紅手絹扔了出去。李姑娘很聰明，她在香囊手絹上繡了一句話，「得此物有情者，來年上元夜乾明寺殿前有雙鴛鴦燈可相見」，時間、信物、暗號都有了。她選擇的地點也挺講究，「乾明寺殿前」。那時候，寺院多是才子的借宿之處嘛！事情還真巧，一位姓張的書生拾到了香囊。第二年元宵節，他真的依約守在寺門口，對上信物和暗號後，作詩向李姑娘求愛。就這樣越聊越投緣，第二天晚上，他們就私奔到杭州，開始新生活去了。這是真事，有《張生彩鸞燈傳》為證。

遊山水，觀園林，逛寺廟

當然，一年三百六十五天，姑娘們可不是天天有機會這麼狂歡的。

除了節日外，天天宅在家相夫教子，洗手做羹湯？這才不是宋代文藝女青年的主流生活。宋朝政府對女子出遊的規定很寬鬆，社會輿論也相當寬容。男人們能去勾欄瓦肆，女子遊樂的地方也不少。很多姑娘還會跟著自家男性親屬來場「說走就走的旅行」，踏遍遠處的風景名勝。《東京夢華錄》中就說了，「貴家士女，小轎插花，不垂簾幕……雖風雨亦有遊人，路無虛日矣」。嘖嘖，風雨無阻呀！

大宋朝還真不錯，這麼多公園，不去荒郊野地就能賞花戲水。噓，您小聲點，這哪裡是公園，全都是有主的私人園子。而且，主人們的來頭還不小，非富即貴。在大宋朝，有錢就是這麼任性，找名匠修建個高大上的貴氣園林不說，還免費對公眾開放。當然，開放的時間就隨主人高興了。看，園林內遊人如織，樂聲不斷，貴婦很多，民女也不少。

咦，主人家怎麼不見蹤影？這麼多客人，主人家哪裡招待得過來，還是遠避為上，不僅遊客自在，自己也圖個清靜。

當然，殷勤好客的也有，就看敢不敢去了。趙佶時期，有一位叫朱勔的大貪官，他在蘇州修建的園林可謂風景獨好。「圃之中又有水閣，作九曲路入之」。不過，朱大人的這份匠心可不能算是好心。「春時縱婦女游賞，有迷其路者，老朱設酒食招邀，或遺以簪珥之屬。」看吧，哪位美女要是「有幸」被這位朱大人招待了，結局可想而知。

山水園林都玩膩了，咱們去寺廟逛逛吧。在寺廟怎麼玩？聽僧人念經？哎，念經有什麼好看的，當然是去看美女啦！要知道，在宋朝，佛教的影響非常深遠。上至帝王將相，下至鄉野村姑，很多都是虔誠的信徒。哪怕在偏遠小山村，寺廟也是香火不斷。一句「出門禮佛」，一家子婆媳、姑嫂、姊妹們，就浩浩蕩蕩地奔著寺廟來了。求子求財求姻緣，燒燒高香，搖搖籤筒，吃吃素齋，寺廟內的活動也僅限於此了。

不過，特定節日更加熱鬧。比如北宋時期，東京有浴佛活動。每到那一天，相國寺周圍「合都士庶婦女駢集……莫不蔬素」。「僧尼道流雲集」不說，寺廟還會在浴佛日組織些集會、夜市等活動，大師手抄經、模擬小金佛、開光檀香珠……準備掏銀子吧！

衣品飾品加精品，出遊哪能不花錢

大宋仕女們的出遊活動可謂花樣繁多，她們也不是光出來看風景的吧？沒錯，景物擺在那裡又跑不了，陪著女朋友、媳婦逛街旅行，最能讓她們芳心大悅的就是購物了。

購物是女人的天性，現代商人都知道，女人的錢最好賺。宋代商人早就認準這個道理了。

去了這麼多地方，注意到姑娘們的穿著沒？這有啥好注意的，不就是花紅柳綠很美麗嗎？一看您就不常陪著媳婦買衣服，「很美麗」這三個字，代表的可是時尚。南宋周煇就曾感慨：「我小的時候，就看到婦女的衣服樣式隔幾年就變了花樣，估計在幾十年前甚至上百年前，樣式比起現在，更是大不相同了吧。」一個小孩子都能注意到女人的裝束變化，可見當時流行風尚變化之快了。

街上出來玩的姑娘們，哪個不是大袖飄飄裙擺飛揚。再看仔細嘍，大袖有銷金的，有帶著金縷縫的。裙子有羅裙、百褶裙、趕上裙。還有宋人最愛穿的褙子，女子穿著的更是分外講究。「衣紅背子，皆用珠為飾」，這是用珍珠裝飾的。縐紗褙子，這是夏天穿用的……宋代女裝的花巧繁複，舉不勝舉啊！您說了，這和女人花錢有什麼關係？

哎呀，有需求才有消費啊！您扭動尊頭左右看看，商業街上，多少成衣鋪裁衣鋪布匹鋪子，再看看裡面，來往不絕的客人，不都是姑娘嘛！

衣服花樣多了，配套的首飾自然必須收入囊中。這和現代女子一套衣服配一個包一雙鞋是同樣道理。季節不同，節日不同，大宋仕女們的衣著打扮也各有講究。就拿上元節來說，為了配合月下的光線情調，姑娘們大都穿著清雅的白色衣裙，佩戴「珠、翠、鬧娥、雪柳」等與白色相宜的首飾。春夏時分，姑娘們又會換上顏色鮮豔的桃紅、鵝黃、柳綠衣裙，戴上配套的珠翠飾品。貧家女買不起珠翠，也會帶個銀飾應應景。往往一種飾物盛行，「合城婦女競戴之」。看看，滿城姑娘齊齊出動，消費熱情相當高啊！

除了衣服飾物，一些精緻小飾品也非常受宋女們的歡迎。宋女們出遊的必經之路和遊玩地點，往往攤販雲集。比如書畫、玩器、用金玉鏤絲的鬧竿花籃、小如銅錢的珠翠冠、微型小玉扇……各種應景的小玩意擺得滿滿的，惹得宋女們愛不釋手，爭相購買。

宋代經濟繁榮，女子消費功不可沒。這就不怪宋代學者袁褧感慨，「宣和已後……一襪一領，費至千錢」。看，在宋朝的宣和末年，一雙襪子，一個領子，都要價一貫，其他衣飾的價格更是可想而知了。

剁剁枇杷，破只蜜瓜，酒樓茶館喝一杯

咦，什麼味道這麼香？姑娘們玩了這麼久，不餓嘛？來，姑娘們吃的零食，我都給您備下了，請慢用。

在大宋朝，果子行相當多，鮮果乾果應有盡有。「蜜筒甜瓜、椒核枇杷、紫菱、碧芡、林檎、金桃、蜜漬昌元梅、木瓜豆兒、水荔枝膏……」統統都是宋女出遊的最

愛。此外，還有「水團、麻飲芥辣、白醪涼水、冰雪爽口之物」，算得上是宋代無添加的健康飲料，一會兒咱也去攤販那買幾杯嘗嘗。您說了，乾果鮮果加飲料，這得花多少錢呀？

嘿，這您就甭操心了，這些東西還都算平價的。那些出名的，比如奉化項里的楊梅，聚景園的碧蓮新藕，那價位更夠瞧的！

還有金橘，不是巨富顯貴的女眷，別想吃得起。不就是橘子嘛，怎麼這麼貴呢？一說您就懂了，名人效應唄。其實，金橘起先並不算貴，從原產地江西到東京，也就加個運輸費用和人工費用。不過，張貴妃（宋仁宗寵妃）最願意吃它了。於是，金橘立即身價百倍，成為最貴的京師水果。宋女們出遊時，誰要是帶上幾斤金橘，馬上晉升為白富美。

你以為宋朝姑娘們吃個零食就算能花錢啦，大頭在後面呢！看吧，那邊幾位姑娘正準備下館子吃大餐呢。宋女也能上酒樓飲酒聚會？千萬別大驚小怪，宋朝是什麼社會，開明，寬容。有錢有閑，閨蜜們自掏腰包外出聚個餐，甚至和男人們一同參加詩酒會舉杯同飲，「陸珍海錯」齊上桌，很正常。

不單白天遊玩喝酒，宋女們晚上還會出來溜達溜達。前面說過，大宋朝的夜市很熱鬧。有熱鬧的地方就有湊熱鬧的。這不，「舊曹門街，北山子茶坊，內有仙洞、仙橋，仕女往往夜遊，吃茶於彼」。看吧，逛夜市，加上吃夜茶，也是大宋女青年們的流行時尚呢！

長知識——「河東獅吼」的由來

大宋有個名叫陳季常的富二代，此人沒事就呼朋喚友地在自己家無限量暢飲。陳季常的夫人柳氏出身河東，性情彪悍且愛妒忌，每次看到丈夫和朋友飲宴，就在隔壁敲打牆壁，高聲叫嚷，以至於陳季常見到她就渾身發抖，這也是成語「河東獅吼」的由來。

二十九 端午鬥百草，七夕乞個巧

——閨中也有遊戲控

對於大宋女子來說，出遊活動自然是極好的，可是，出遊畢竟不是常態。前面說過，大宋朝的姑娘們其實還是相當「宅」的。不過，同樣是宅，她們可比現代宅女熱鬧多了，人家那些專屬娛樂項目，保管讓你眼花繚亂，歎為觀止。

◉小小草兒大娛樂，文鬥武鬥花樣多

哎，您先別動，原地立正，咱們可找到寶貝了。什麼寶貝，不就是蒿子嘛！您可別小看這根蒿草。拉一下，相當有韌性。再試著折幾下，要折斷也挺不容易，這可是鬥草大會的精品啊！聽說過鬥雞鬥鳥鬥蟋蟀，還真沒聽說過鬥草。草不叫不動不打

架，有啥可鬥的？這您就不懂了，草是死的，人是活的。鬥草可是大宋女子的主要娛樂項目，重要性和普及程度絲毫不亞於今天的麻將呢！

見過拔河的，沒見過兩人用草拔河的。您看，這位紅衣姊姊掐過蒿草，那位綠衣妹妹捏起艾草，兩根草的草莖交叉套住。預備，用力，拉——艾草斷了。我說的沒錯吧，放在平時蒿草不起眼，鬥起草來可是一把好手，最適合生拉硬拽的武鬥了。您沒聽錯，鬥草也分武鬥和文鬥。武鬥不用多說，莖稈粗韌性強就是好草，文鬥的花樣就要多上一些了。

種類比賽算是最常見的文鬥法了。比如，一大片三葉草田，要是能找出棵四葉的來，這一局就是您勝了。如果再能找到幾株珍珠草、相思子，這次鬥草的冠軍絕對非您莫屬。不過，這種比法還只是通常的玩法，對草名才顯本事。品種稀奇不算，還要求文思敏捷，學識豐富。

你說君子竹，我就得說美人蕉；她說觀音柳，對上佛手瓜倒也罷了，要是有對出羅漢松的，拿著佛手瓜的這位就必須乖乖領罰。嘖嘖，這種玩法有難度啊，比現代的成語接龍費事多了。不過，成語接龍沒接好，頂多貼張紙條唱首歌，鬥草輸了罰什麼？錢唄。

這不成了賭博了？真讓您說中了。不整點真金白銀，光分出輸贏有啥意思。當然，大宋姑娘們大都是嬌滴滴、文縐縐的淑女，鬥草時總不能隨身揣著大銅錢銀錠子，人家的賭資風雅著呢。金釵玉佩、珍珠香囊，全都是香噴噴的隨身物件。「君莫羨花間女郎只鬥草，贏得珠璣滿鬥歸」、「金釵鬥草」、「疑怪昨宵春夢好，元是今朝鬥草贏」，描寫鬥草得彩頭的詞句比比皆是。再有「鬥草踏青」、「海燕未來人鬥草」、「拋牛沙上鬥百草」、「青枝滿地花狼藉，知是兒孫鬥草來」等等。不難看出，宋朝鬥草風氣相當興盛。

說起來，鬥草這個習俗可謂源遠流長了。最早的記載要追溯到南北朝時期的《荊楚歲時記》：「五月五日，謂之浴蘭節，荊楚人並踏百草，又有鬥百草之戲」。每年的五月端午，天氣逐漸轉熱，百病橫生。人們就在這一天外出踩踏、採集百草，回家熬制成藥汁，服用藥酒，借此祛除厄運。久而久之，就演變成女子「鬥百草」活動。直到宋代以前，姑娘們鬥草還僅限於端午節這一天。到了宋代，社會相對開放，就連皇帝也對民間鬥草活動充滿興味，親自賞賜珠寶給鬥草贏家，「皇恩樂佳節，鬥草得珠璣」。於是，鬥草逐漸演變成想鬥就鬥的女子專屬娛樂了——不過，要在有草的時節。

要想機智又靈巧，七夕月下見分曉

七夕的傳說大家都知道，牛郎織女一年一度相會的日子，中國的情人節嘛。在這一天，大多現代女子收收鮮花巧克力，吃頓浪漫燭光餐就算過得很講究。不過，對於宋代女子來說，七月初七是一年當中最重要的日子。「歸來備乞巧，酒肴間瓜果。海物雜時味，羅列繁且夥。家人樂熙熙，兒戲舞娑娑」，熱鬧程度絲毫不亞於新年。

咦，這戶人家怎麼在院子當中紮個彩樓，這麼高的牆，誰能看見啊？這可不是讓別人看的，這叫乞巧樓，供自家女兒七夕晚上乞巧拜月專用。在古代，七夕的別稱很多，乞巧節、女兒節、雙七節……總之，這一天，女子成為當仁不讓的主角。尤其在物資豐富的大宋朝，消費觀念購買力都沒得說，乞巧節辦得可隆重了。瞧，彩樓上吃的、喝的、筆墨紙硯、針頭線腦一應俱全，只有想不到，沒有列不到，咱一樣一樣慢慢說。

您瞅那針和線，分開足足半指寬。時辰一到，月正中天，姑娘們要拿著它們對月穿針。誰穿得又快又好，就是向織女求到智巧啦！其實，宋代的穿針習俗已算是簡化了許多。在漢代，姑娘們要拿著七孔針引線呢！佩服吧，就古代夜晚那照明條件，別說七孔，擱您身上，恐怕半個孔都穿不上。再看那朵花有意思吧，油光鋥亮，還帶著深綠淺綠花紋，明明是只大西瓜！呵呵，它是西瓜不假，但說是花也沒錯。它現在身分不一樣，叫「花瓜」，雕刻成花朵形狀的西瓜，乞巧必備佳品。

快別動那梳妝盒！幸好我接得快，這裡面的活物要是掉出來，主人家不得把您的皮剝一層。您別在那當木頭人了，嚇成這樣不至於吧，不就是盒子裡趴著一隻大蜘蛛嘛！這個盒子要到天亮時才能打開，哪只盒子的蜘蛛結網最密最圓，哪位姑娘乞的巧就最多啦！再說，蜘蛛又有喜蛛之稱，別看長得醜，也是個吉祥物。

秋千擺動騰空起，毽子翻飛落地來

不年不節的，怎麼湖邊圍著那麼多人，還有吹拉彈唱的。走吧，咱去瞧瞧熱鬧。嘿，這個玩意挺新鮮，秋千架子搭船上。好傢伙，蕩秋千的小夥膽子挺大呀，秋千馬上蕩成水平線。哎哎，怎麼就跳下去了。別大驚小怪了，這叫「水秋千」，藝人們從秋千上直接跳進水中，和現代的跳水差不多。

沒錯，水秋千就是從宋朝開始出現的。詞人張炎《阮郎歸》裡寫的「鈿車驕馬錦相連。香塵逐管弦。瞥然飛過水秋千」，正是水秋千表演的場景。說到水秋千，咱得去觀賞一下大宋女子蕩秋千的婀娜風姿。要知道，宋朝以來，秋千才逐漸走入私人庭院，成為姑娘們的新寵。它和踢毽子一樣，是皇帝御口承認的兩大女子專屬活動。

宮裡的秋千活動極為盛行，「依林張幄幕，夾道建秋千」。層層輕紗之下，宮裝美人俏麗的身影來回翻飛。不單皇帝看了賞心悅目，自己的心情也明媚起來。「內人爭送秋千急，風隔桃花送笑聲」。

皇宮可是引領時尚的風向標，城內幾乎家家戶戶都架設了秋千。這不，走在街頭巷尾，不時會看到沿街院牆內飄出半縷衣帶，傳來幾聲笑語。不用猜，一定是牆內的姑娘們在蕩秋千。據統計，《全宋詞》中，描寫到秋千的詞句不下兩百處。「紅粉牆頭，秋千影裡，臨水人家」，「秋千人倦彩繩閑」，「東風吹動畫秋千」，「無緒倦尋芳，閑卻秋千索」……足可見秋千在宋代女同胞們生活中的地位。

除秋千外，毽子這種運動在宋朝也風行起來，成為幼兒和姑娘們的最愛。足、膝、腿、腰、腹齊上陣，小小毽子踢出了數十種不同花樣。「裡外廉、拖槍、聳膝、佛頂珠、剪刀、拐子……」一時間，導致臨安城湧現數十家專賣各種毽子的作坊，「率數十人，各專籍以為衣食之地」。毽子繼秋千後，成為大宋姑娘們喜愛的專屬活動之一。

三十 離婚不算難，財產有份占

——婚姻家庭有保障

說起女性的婚姻和家庭，相信有兩句話您一定聽過。首先是「從一而終」，這是《周易》裡的話，告訴大家女性要貞節，嫁了老公就要跟隨一生，不能再換，老公死了也不能改嫁。另一句是「餓死事極小，失節事極大」，這句話是北宋理學家程頤說的，意思是餓死都不算個事，沒了貞節，比餓死都可怕。其實，大宋實際情況並非如此，而且恰恰相反。

繼承漢唐先輩的光榮傳統

「從一而終」這條原則在明清以前從來就沒有嚴格執行過，就算是在理學開始興起的大宋也是一樣。太遠的不說，就從漢朝說起：大漢開國皇帝劉邦自己就收納了項羽部將的妻子薄姬、趙王張敖的小妾趙姬等等。劉邦的孫子漢景帝劉啟也娶過金王孫的前妻王娡，這位王皇后還給他生了個劉徹，就是漢武帝。知識份子也一樣，司馬相如帶卓文君私奔，卓文君也是剛死了丈夫的小寡婦。到了東漢末年更了不得：曹操攻打鄴城（古城，今河南安陽市北郊），據說就是看中了袁紹的兒媳甄氏，甄氏最後卻成了曹丕的妻子，而曹植只怕也對甄氏神魂顛倒，才寫下了《洛神賦》，留下一段公案。而西蜀劉備的穆皇后、東吳孫權的徐夫人嫁給他們時也都不是頭婚了。

到了大唐，按照理學大師朱熹的說法，「唐源流出於夷狄，故閨門失禮之事，不以為異」。意思是大唐皇家是胡人出身，因此唐朝的女人們敗壞門風，一點都不奇怪。朱熹只怕也不以為怪，因為他看不起少數民族，更看不起人家女性地位高。不過他說的情況倒是事實——唐太宗李世民至少就娶過兩個再婚女子，更不要說他晚年寵幸的武才人又嫁給了他兒子唐高宗李治。武則天和李治的女兒太平公主前後出嫁兩次，唐中宗李顯之女安樂公主也出嫁兩次，還差點當上皇太女。

最無恥的大概是李隆基，這位唐玄宗連自己的兒媳婦都搶，硬是把壽王妃楊玉環變成自己的媳婦，封為貴妃。

唐代女性很自由，生活更是開放，據統計，僅唐朝公主再嫁的就有二十七人，其中有三個人嫁了三次。唐宋相距最近，這種風氣流傳下來，正好讓大宋朝繼承了這一「光榮傳統」，從皇族宗室到官員士大夫，再嫁成為普遍現象。

宋太祖趙匡胤的妹妹先嫁米福德，再嫁高懷德，首開先河。後來，宋真宗娶了嫁過龔美的劉皇后，宋仁宗的曹皇后也有一次「婚姻」，只不過新郎一心學道成仙，新婚之日竟跳牆逃婚而去。大宋名臣中，范仲淹的母親改嫁朱氏，以至於范仲淹當上官以後才能夠認祖歸宗。王安石主持為兒媳再婚，另找婆家；岳飛的第一任妻子劉氏更是兩度改嫁。就連提倡「從一而終」的程頤，他侄媳婦改嫁，他也沒有反對。

有了皇家的榜樣，再加上官員士大夫們的示範帶頭作用，民間更不用說，老百姓才不管什麼「從一而終」的大道理，更不會認同「餓死事極小，失節事極大」這種邏輯。大宋女子們為了生計，也為了追求個人幸福，該離婚就離婚，該嫁人就嫁人，一點都不含糊。

國法家規都傾斜，生活經濟有保障

當然啦，說離就離，說嫁就嫁，也要取得法律的准許和世俗的認可才行，不然人人都可以任性而為，社會還不亂了套？再說了，沒有一個制度保障，財產也沒法處置不是？離婚要弄到身無分文、淨身出戶，那日子還怎麼過？所以，離開了全社會的支持和保護，不論男女想離婚都是件麻煩事，何況在男權社會的封建時代，大宋女子更需要這些支援和保護。萬幸，大宋朝在這方面很有人情味，從政府到家族，對女士們的權利還是很尊重，而且透過法律和制度體現出來。

假如您是一位宋代女性，生活在一個經濟還算過得去的家庭，那麼，您從小就會獲得和男子相當的權利。比如說家族每年的田租收入您也有一份，而且別人分多少，您也分多少。比如家裡的田產地產，按照規矩也有繼承權，就算父母離世，在家族裡無依無靠，這些產業到您結婚時也會一點不少地分給您，並不因為馬上要變成外姓人而有所不同。再比如從小到大，每隔一段時間（例如兩年）就會得到一筆服裝費或者衣料布料，用於添置新衣，到了長大成人（及笄）的時候還會有首飾戴。當然啦，要是結了婚還不想離開娘家，或者招贅了一個上門女婿，這些收入都不會變化，該是您的都是您的。

剛剛提到了結婚。一般來說，如果生活在大宋，娶媳婦比嫁女兒划算。因為按照慣例，嫁女兒花的錢比娶媳婦要多。比如《岳陽樓記》的版權作者范仲淹，他當上大官之後給范氏家族創立了一個范氏義莊，同時也制訂了一份《義莊規矩》。根據這個「族規」，嫁女可以從家族支取經費三十貫，娶婦卻只有二十貫。另一位南宋名人呂祖謙更絕，他規定嫁女兒經費一百貫，娶媳婦只有五十貫。這不是嫁女兒比娶媳婦花錢多的明證嗎？況且娶媳婦的錢還能大家花掉吃掉，然而嫁女兒的錢卻全都被女兒帶走了，所以對同一個家族來說，當然願意娶媳婦，不願嫁女兒。

瞧，大宋女性是不是在娘家的權利還算不錯？當然，這還只是普通人家，跟豪門貴族，甚至皇親國戚沒法比。女子嫁到男方，生活有幸福與不幸福的，男方有命長命短、幸與不幸的。倘若兩口子過得不愉快，甚至男方一命嗚呼，又或者犯下重罪要被發配遠方，難道女子就要接受苦命，永遠守在夫家受苦嗎？

當然不是。大宋朝的法律規定了幾種情況，女方可以提出離婚或者再嫁。比如丈夫死了，只要過了守孝期（最短是一百天），妻子就可以改嫁。還有，如果丈夫三年不回家，也可以判定婚姻失效，女方可以自尋出路。又或者像林沖那樣被發配到滄州，妻子可以跟著，但也可以選擇離婚。不是為了劃清界限，只是為了更好地生活。

兩口子既然要離婚，家產就要分清楚。通常來說女子從娘家帶來的嫁妝離婚時可以帶走，算作婚前財產了。如果是丈夫死了，妻子有兒子的，兒子可以繼承丈夫的財產，沒有兒子自己也可以繼承。但在北宋時要丈夫沒有別的繼承人才行，而根據南宋的法律規定，妻子繼承丈夫財產的總額不能超過五千貫。

離了婚再嫁，女子還能得到娘家的「贊助」，范家義莊就規定再嫁給二十貫，但再娶卻不給。

思想與論很寬容，離婚再婚無壓力

離婚容易再嫁不難，當然是法律保護的結果。然而法律不外乎人情，況且法律也是由人制定的，如果大宋統治者和整個社會不是對女性離婚再嫁這種事很寬容，那麼制度的許可、法律的保護也就難以想像。給您講兩件事兒，就能理解大宋朝對女性寬容的程度了。

第一件事發生在仁宗朝。當時有個集賢校理郭稹，生母邊氏早已改嫁，而且已經和別人生了四個孩子。邊氏故世，郭稹非要停職，回家給生母守孝。照理說邊老太太嫁到別人家，就和郭家斷了關係，郭稹也不必為她守孝。所以當時就有個禮部官員宋祁批評他「過禮」，就是守禮守過頭了。但士大夫階層都同情郭稹，認為郭稹做得對。最後宋仁宗接受了大家的意見，准許郭稹停職守孝，還給這種情形起了個新名詞——心喪，大概意思是照禮法不應該「服喪」，但心裡哀傷不是禮法能決定和限制的，所以還是應該「服喪」。後來，這種心喪竟然成了慣例，哪個官員的改嫁了別人的親媽死了，都可以去守孝服喪。

第二件事還是發生在仁宗朝。御史唐詢向宋仁宗告狀，告的是舉薦過他的參知政事吳育。這一狀告得有趣：唐詢「公訴」的內容是吳育有個弟弟娶了個媳婦，兩人育有六子，吳育的弟弟死了，弟媳婦卻沒有改嫁。因此唐詢狀告吳育限制了弟媳婦改嫁的自由。這事看起來應該屬實，吳育好像也有點不地道。不過，吳育這個弟媳婦的身分有點特別——她是宋仁宗姑姑的小姑子，也就是趙光義第七女萬壽長公主駙馬李遵勗的妹妹。所以，宋仁宗把這件事看作權力鬥爭，沒有理睬。

但不管怎麼說，唐詢能以此為理由狀告當朝副宰相，可見當時對女性改嫁自由的尊重和對女性婚姻生活幸福指數的重視。

不管怎麼說，大宋朝在絕大多數時期並沒有把「從一而終」這種邏輯當回事，而且也沒幾個人把這種扼殺女性幸福的想法奉為金科玉律，更不要說「餓死事極小，失節事極大」這種頑固思想，那是基本沒什麼市場了。所以活在大宋的女人們想要離婚再嫁，可以說毫無壓力。

三十一 拋頭露面不算啥，裸體相撲很時髦
——大宋的職業女性們

對女性朋友來說，大宋算是個不錯的時代——有機會接受教育，有機會出遊消費，生活悠閒，家庭地位不低，還有相當程度的自由和權利，比起後來的明清兩代強得多了。而且不管怎麼說，纏足還沒有盛行，理學還沒那麼強盛，大多數女人也就沒有被禁錮在家庭那個小圈子裡。

宋代女性拋頭露面的機會還很多，當然有許多人是為了維持生計才走出了家庭，在社會中闖蕩。可以說大宋朝產生了眾多職業女性，也給她們創造了不少就業機會。

宋代的紡織女工

女人紡織為什麼？為了解決穿衣問題。人生在世，穿衣吃飯是兩件大事。大宋朝也好，歷代的封建王朝也罷，向老百姓收取賦稅，主要就是糧食和絲綢布帛這兩大項，而且國家生產也以這兩項為主。所以，大宋女性除了要在家庭中紡織勞作，「辛苦得絲了租稅」，織出絲綢布匹交稅之外，還要參加國家「建設」，為皇室成員和廣大公務員服務。

大宋最大的「國營紡織廠」是汴梁織錦院，這座創辦於乾德五年（九六七）的紡織廠最興盛時有織匠六百人，其中絕大部分是女性，她們就是「大宋紡織女工」。這些紡織女工在「國企」工作，辛苦點是難免的，不過有口糧吃，還有工錢拿，待遇畢竟過得去，既給家裡節省了開支，又能賺錢貼補家用，算是挺不錯的職業。因為織錦院主要產品是蜀錦，所以員工也以四川人為主，此外還有濟州（治今山東巨野，後遷至濟寧）、湖州等地的紡織女工也來到京城工作，看來當時已經有女子出門打工的了。

東京城專為皇家開辦的除了紡織廠，還有印染廠（染院）、刺繡廠（文繡院），這些廠家也提供適合女性工作的崗位。此外，大宋各地的大城市也有不少場院、織務、綾錦務、羅務這類的「紡織品公司」，生產各種絲綿綾羅錦緞等紡織品，是大宋女性打工的好去處。

除了「國企」，「私營紡織廠」也有。紡織廠中的私企叫「機戶」，其實就是紡織作坊。大宋朝機戶很多，據宋仁宗時的大臣張逸報告，當時僅僅梓州（治今四川綿陽）一地就有「機織戶數千家」了。這些機戶都需要雇工，也提供了不少就業機會。當然，從業人員主要還是女性。給人打工，當時叫「客作兒」，不過此「客作」非彼「客座」，不是當講師教授，而只是受雇於人。還有，在當時「客作兒」是罵人話，可不是什麼好稱呼，不能亂用的。

當壚看我孫二娘

當個「客作兒」雖然也算拋頭露面，畢竟還不是真正直接接觸社會。女人們接觸社會，主要還是開店鋪做買賣。甭管人家開的是酒店、茶館、雜貨店還是小吃鋪，每天都免不了要面對三教九流，「笑迎四面八方客，善待五湖四海賓」。

提起開店做生意，大宋第一女名人當然要數在孟州道上十字坡前開了「人肉包子鋪」的母夜叉孫二娘。一部《水滸傳》向我們普及了不少這樣的人物，例如同屬梁山好漢的母大蟲顧大嫂、開茶館兼拉皮條的王婆、滄州牢城營李小二的妻子王氏、荒村開野店的李鬼媳婦……。

大宋朝以前，漢代的卓文君和司馬相如私奔，兩人為了生計，就開過一段時間小酒館，留下「文君當壚」的佳話。唐朝時，西域胡人跑到「東土大唐」來做生意，搶了不少國人的飯碗，其中就包括老闆娘這一「職位」，所以唐代有名的「胡姬當壚」成了一道美麗的風景。時至大宋，文君已逝，胡姬也絕跡中原，結果「當壚」的換成了孫二娘，在窮鄉僻壤、荒村野店喝酒吃肉也成了一件危險的事，吃幾個「人肉叉燒包」還是小事，若不小心喝了蒙汗藥酒，成了下一位顧客吃的「人肉叉燒包」的原料，可就大大不妙了。

當然啦，大宋朝「當壚」的「孫二娘」也不都那麼兇神惡煞，像「快活林大酒店」那位「疑是文君重賣酒」的婦人，還不是一照面就被武二郎扔進了酒缸裡？不過您要是沒有人家武二郎的手段，還是別輕易嘗試，須知門外還躺著一個蔣門神哩。

大宋朝王婆似的人精、李小二妻子般的本分生意人也不少。南宋臨安就有有名的一窩鬼茶坊，店主王媽媽，來來往往「皆士大夫」。想必客人們來了，要甜膩膩地叫一聲「王乾娘」，王媽媽也會皮笑肉不笑地回上一句「西門大官人」。別笑，人家這地方正開在中瓦，乃南宋臨安有名的紅燈區也。甚至在偏遠的海南島也有老婦人開小旅店，接待了被貶官流放的宋初宰相盧多遜。老太太也是東京汴梁人，兒子因受到盧多遜的迫害，流亡到海南，病死當地。老太太只能自立門戶，等著看仇人落得和她兒子一樣的下場。

一技在身賺高薪

所謂「家有良田萬頃，不如一技傍身」，別管男女，要想謀生，最好有點本事。活在大宋，男人最大的成功靠讀書實現，女人最佳的命運，則很大程度上要依賴學好一門或者幾門技藝。

還記得那位搖過撥浪鼓，後來卻當上了皇后的劉娥嗎？一個貨郎的妻子都能當上皇后，這個世界還有什麼是不可能的？所以唐代大詩人白居易在《長恨歌》中所感慨的「遂令天下父母心，不重生男重生女」，挪到大宋一樣適用。而且只要是還算太平的時代，總不會有「生男埋沒隨百草」的危險，至於生女兒，也就不僅僅是「猶得嫁比鄰」那麼低的要求了。

不甘心「嫁比鄰」，還想怎樣呢？當然是「學成諸般藝，應聘入豪門」啦！對那些中等以下階層的女子和她們的父母來說，鄰家美男絕不是人生理想和幸福歸宿。這些女孩子從小就被教以諸般技藝，並且樹立起遠大理想，將來一定要憑一身好本領加入「大宋五百強高薪企業」，不單讓自己享受和體驗「不一樣的人生」，還要為家族賺一份高工資，讓父兄們能夠過上體面的生活，在人前有面子。

別提那些供職於「高薪企業」的大宋「女金領」，只要經過了這些企業「鍍金」，她們的身價和氣勢就不同了。您別不信，有具體事例為證：一位退休官員，辛辛苦苦為官多年，一向很艱苦樸素，到了晚年也想享受一下。他想起曾經在某次宴席上吃過京城私家女廚師做的菜，十分可口，於是委託中間人在京城給他請一位這樣的私房廚師。

女廚師很快請到了，人家剛從「大企業」跳槽出來，人漂亮，能寫會算，才二十來歲。這位「女金領」來到老市長的家鄉，還沒「入職」就提出一個要求，希望能以四人抬的軟轎接她上門，「庶成體面」，這樣才夠面子，才符合她的身分。官員照辦了，女廚師上任，第一件事就是「試席」，做一桌菜來讓大家嘗嘗。人家那手藝、那刀工，那用料的講究和浪費就不說了，單說她的「行頭」和「傭金」：「發行奩，取鍋銚盂勺湯盤之屬，令小婢先捧以行。璀燦耀目，皆白金所為，大約計該五七十兩。至如刀砧雜器亦一一精緻。」人家自己有工具箱，幹活都是用自己的傢伙，而且那些大鍋、小鍋（銚）、水盆（盂）、湯盤、勺子竟然都是銀器，其他的菜刀菜板之類也都是高檔貨。

「試席」結束，女廚師討要賞賜，並提供了幾份「支賜判單」（領取賞賜的清單），每份都有絹帛百匹或者錢二、三百貫。官員傻了眼，硬著頭皮照例給了賞錢。但是不久他就找藉口把這位「女金領」辭退了。

您瞧，一位曾經在「大企業」工作過的女廚師都有這麼高的收入，敢擺這麼大的架子，大宋女性的「高薪職業」看起來還真不少。

混跡街頭女藝人

前面講的這個故事，較早的記錄見於《暘谷漫錄》，後來很多筆記小說也都加以轉載，漸漸就流傳開了。在這個故事前面有一段話，介紹了大宋女性「職業進修」的方向和未來在「高薪企業」中的「職位」，包括「身邊人、本事人、供過人、針線人、堂前人、劇雜人、拆洗人、琴童、棋童、廚娘」，而且「就中廚娘最為下色」。這樣看來，女廚師收入那麼高，原來還是最低等的！

但參加過「職業進修」也未必能保證「就業」，未必能「應聘」到豪門大戶「高薪企業」。那些學來學去也沒混上一個好工作的女子怎麼辦呢？她們中很多人只好面向社會自謀職業，走上街頭自謀出路去了。

在大宋女性的「職業進修課程」中，除了女紅、「識文斷字」這些基礎課程之外，吹拉彈唱、擊球蹴鞠、歌舞演藝等也都是必修課。有了這些基本技能，那些自謀職業的女子們在街頭從事文藝表演也能混口飯吃，弄好了還能成名成家，前途也不壞。不過這回不說那些「大宋女藝術家」，單說這街頭表演的一個行當——相撲。

本來相撲是體育運動，也算搏擊術的一種。《水滸傳》中就記載了大宋的兩位相撲高手，一個是浪子燕青，還有一個叫任原。但大宋女子玩相撲，實際上表演成分居多，並不一定要分個高低輸贏。不過，大宋女子相撲最吸引眼球的並不是打鬥如何激烈，也不是比賽如何緊張，而是刺激。怎麼個「刺激」法？嘉祐七年（一〇六二）正月十八，正是上元節慶典的時候，宋仁宗駕臨宣德門，帶著他的后妃們觀看宣德樓下的元宵節大型文藝演出，其中一個節目就是女子相撲。應該說表演很成功，仁宗很高興，還賞了「女演員」們不少絹帛銀錢。但有個人看不慣了。誰啊？時任起居舍人、知諫院大臣司馬光。

這位司馬相公上了一份奏摺，其中說：「今上有天子之尊，下有萬民之眾，后妃侍旁，命婦縱觀，而使婦人裸戲於前，殆非所以隆禮法，示四方也。」陛下您高高坐在宣德樓上，樓下是您的子民，您的媳婦們陪在身邊，大臣們的媳婦們也都到場。

這樣一個場合，竟然有婦人裸體表演，這成何體統？沒錯，司馬光說的「婦人裸戲於前」，就是指女子相撲。大宋女子們拋頭露面，玩相撲竟然還是裸體的。（有證據表明，所謂的「裸戲於前」並不是全裸，只能算半裸。）

最後，在這份《論上元令婦人相撲狀》中，司馬光強烈要求取締「女子裸體相撲」這一不文明的表演形式。然而，這種事根本就禁而不絕。甚至到了南宋，《夢粱錄》、《武林舊事》還記載著女子相撲，而且已經出現名家能人。《夢粱錄》有賽關索、囂三娘、黑四姐；《武林舊事》有韓春春、繡勒帛、錦勒帛、賽貌多、僥六娘、後輩僥、女急快，可謂大宋十大女子相撲高手！

第六章

舌尖上的大宋，饕餮們的汴梁

中國的飲食文化源遠流長，
以五穀為主、蔬菜魚肉為輔的飲食結構，
在宋代有了發展和鞏固，
形成了豐富多彩的飲食體系：
中原地區的「北食」，
南方地區的「南珍」，
蜀中地區的「川食」等。
異彩紛呈的飲食文化也帶動了各具特色的烹飪手段的發展，
宋代算得上是老饕的美好時代。

三十二 品茶是藝術，宋人從來不含糊——大宋喝茶這件事

飲食飲食，先有飲，後有食。雖說「民以食為天」，食是更基本、更主要的物質需求，但也正因為如此，飲才是更講究、更高端的精神需求。當然，在這說的可不是口渴之下的「牛飲」，而是喝出品味、喝出文化來的「飲」，例如飲茶，以及由此形成的茶文化。

三教九流都愛茶

大宋人喝茶，可以說是一場轟轟烈烈的「全民運動」。

茶這種東西，據說已發現了幾千年，反正「神農嘗百草」，凡是有點瓜葛的事件

都可以算作飲茶的源頭。至於喝茶的起源恐怕已經無法查考，不研究喝茶並且把茶上升為一種文化的第一人是唐代的陸羽，因為他率先寫下了一部《茶經》，本人也因此成了中國茶文化的開創者和茶道祖師。

在陸羽之前，茶主要是被當作中草藥使用，用來「解百毒」。從陸羽到處推廣，把茶當作飲料，把飲茶當成一種藝術介紹給世人開始，喝茶之風才漸漸發展。到了晚唐時期廣泛普及，進入宋代以後，蔓延泛濫，達到了「君子小人靡不嗜也，富貴貧賤無不用也」的程度。君子和小人沒有不愛喝茶的，有錢沒錢也沒有不用到茶的。茶，當然就在生活中占據了極為重要的地位。所謂開門七件事，「柴米油鹽醬醋茶」，茶雖然排在最後，但畢竟不能少，而這句話也正是從大宋朝開始流行起來的。

喝茶是如此普及和重要，大宋街頭巷尾都是茶。在東京、臨安的街市上，遍佈著茶館、茶肆、茶樓、茶坊，全國各地甚至鄉村集市上也有茶鋪和賣茶的攤子。在這些飲茶消費之中，最有趣的是一種「水茶坊」，又叫「花茶坊」，因為在那裡招待客人的不是「茶博士」，而是打扮得花枝招展，眼含情、口含笑、滿面含春的「茶花女」。您猜得沒錯，那正是一種「高級而又文雅」的妓院，在那裡花上一筆「乾茶錢」，就能享受到美女分茶、佳人獻藝的服務。當然，要是想進一步接受「高端服務」，或者到美女佳人的閨房之中和她們談談人生理想，進一步的消費也是免不了的。

即使「阮囊羞澀」，扮不成高富帥，走在大街上也一樣能品嗅茶香、享看茶藝：街頭有挑擔、推車的流動茶販，備齊了茶爐、茶壺、茶杯、茶勺、茶托、茶盞、茶海、茶碗，隨時準備給您點一盞茶，供觀賞享用。當然，有錢只管喝，沒錢旁邊看看熱鬧算了。

除了出門喝茶消費，三教九流的人在家裡以茶待客、借茶交際也是免不了的。大宋人講究客來看茶，客去奉湯：去別人家做客，主人會煮上茶陪您閒聊；等主人換上湯來，您就知道應該告辭了。即使是平民百姓，沒那麼多講究的人家，每逢初一十五也會拎著一只茶瓶出門，到街坊鄰居家相互點茶，借此互相問候，拉近關係聯絡感情。

專賣制百姓，精品貢皇家

大宋百姓如此熱衷喝茶，茶葉的消費量自然非常可觀，每年制茶、販茶、飲茶創造的GDP十分驚人。兩宋三百年間，政府大多數時期實行榷茶制度，即在政府管制下的專賣制度。僅僅制茶一項，北宋中期的年稅收就有四百多萬貫，到宋徽宗政和年間更高達一千萬貫。

從強盛大唐到富裕大宋，茶農們種植茶樹、生產茶葉的水準已經越來越高，但不管他們本事多大，手藝多好，還不是被國家攥在手心裡？

從他們開始種茶的那天起，他們的資源和收成就牢牢地控制在政府手中。他們的本錢是從國家「借」的，這樣就得向國家交利息；制出來的茶葉要先扣「本息」，再扣稅款，然後照官方制訂的價格賣給商戶或官營專賣店，最後才能銷售到老百姓手中。雖然後來這種國家嚴格管制的制度有所放鬆，但茶葉在大宋朝基本被國家壟斷是毫無疑問的。

大宋政府壟斷了茶葉市場。那麼，最好的茶葉去了哪裡呢？當然是去了皇家。茶農每年制茶，茶中精品都成了貢品，貢獻給皇帝。

在大宋朝，制茶的工藝越來越精湛，制出來的茶餅、茶團也越來越精緻、美觀。要知道，皇帝在古代那叫真龍天子，后妃公主就是鳳，他們簡直都是天上下凡來的，又怎麼能和草民喝一樣的茶？所以，貢獻給皇家的茶基本都要製成龍鳳的形狀，也就是「龍團鳳餅」。這些團啊餅啊什麼的製作過程十分複雜，前後要經過七大工序，費工費力，但照樣不斷推陳出新。您就聽這些名目：龍團勝雪、萬壽龍芽、龍鳳英華、啟沃承恩、瑞雲翔龍長壽玉圭、太平嘉瑞、龍苑報春、大龍、大鳳、小龍、小鳳……。

什麼？您也想來個團啊餅啊的收藏收藏？沒問題，四十貫起價！貢給大宋皇室的這些「龍團鳳餅」主要來自北苑（位於今福建建甌市），由福建轉運使負責督制。督制貢茶最有力的兩位福建轉運使，一個是丁謂，一個是蔡襄。所謂「武夷溪邊粟粒芽，前丁後蔡相籠加。爭新買寵各出意，今年鬥品充官茶。」東坡先生對此很不以為然，專門寫詩批評了這種不正之風。

不過，蘇軾雖然不滿那些人獻媚邀寵，皇帝賜給他龍茶，他還是很開心。蘇軾向友人透露：他在杭州時，一次來了個欽差。這位欽差大人到了臨走時又神神祕祕地不肯走，直到把別人都打發開，才偷偷摸摸拿出一樣東西交給蘇軾——原來是一斤茶葉，但卻是龍茶。欽差大人還悄聲告訴蘇軾，這是自己離京時，皇帝祕密交給自己，讓他帶給蘇軾的，皇帝還特意交代，不可以讓別人知道。其實，皇家每年的貢茶都喝不完，照慣例總要賜給大臣和外國使節一些。不過，大臣們能得到賞賜的機會極少，這樣「密賞」更是一種殊遇。難怪蘇軾終於忍不住說了出來，大概就是為了炫耀一下。

品茗從來就是一種文化

像蘇東坡這樣的大文豪、大名人都對茶這麼重視，可見茶這種東西在文化人心中的地位。茶，更早的時候叫作「荼」。除了茶這種廣泛的叫法，僅僅陸羽在《茶經》裡提到的茶的別稱，就至少還有四種：檟、蔎、荈、茗。檟、蔎都是古稱，現在沒人會用，荈現在只用來指粗茶，也很少人知道了。但是一提起茗，您肯定知道是茶。說喝茶很平常，好像大家都會喝，然而說起品茗，那就文雅得很，一定是文化人才會做的事情了。

文化人做起品茗這種文化事兒，講究得很。品茗不單所用的茶要好，器皿要好，水質也要特別，火候還要精當。但這些還都是基本功夫，此外更要講究環境、姿態和物件：或者獨坐靜室，心境空靈；或者倚窗憑欄，聽風賞月；或者佳茗在手，詩書相伴；或者烹湯煎水，茶友來會……無論是哪一種，只要讓文化人那麼一描述，立刻風雅無限。

譬如蘇軾，他說「沐罷巾冠快晚涼，睡餘齒頰帶茶香」，就連睡醒了咂咂嘴有茶香回味這種事都可以成為詩句，更別提「酒困路上惟欲睡，日高人渴漫思茶，敲門試問野人家」了。酒喝多了，太陽照得人迷迷糊糊，就想喝杯茶，於是到山野人家去求飲。

當然，睡醒了咂咂嘴或者喝多了討一碗茶都算不上大雅，非得像蘇軾這樣的文化人寫出一首詩來才行。不過，同樣是蘇軾，「酡顏玉碗捧纖纖，亂點餘花唾碧衫」就雅得很了——美女臉兒紅撲撲地，捧著玉碗的手同樣纖纖如玉，一身碧綠衣衫來回閃動，點出一盞盞仙茶，更唱出一曲曲動聽的歌兒……那景色、那歌喉、那茶香，真能讓人沉醉，不知是醒時夢裡。而當他說「從來佳茗似佳人」的時候，簡直把品茗這種事形容得美不勝收。

文人們重茶、愛茶，把茶當作自己不同凡俗的象徵，由此也形成了一些獨特的見解甚至怪癖。例如陸遊，人們把他說成陸羽的後人，他欣然接受，甚至以茶聖的後人自詡，還準備要續寫《茶經》。陸遊推崇用雪水煎茶，說「雪液清甘漲井泉，自攜茶灶就烹煎」。還有蘇軾的門人、「蘇門四學士」之一的黃庭堅，他為自己家鄉的雙井茶代言，大做廣告，終於把這種茗茶推薦成了貢茶。最絕的是王安石，據說他將藥與茶同飲，但同時又認為對花不可以品茗，大概王安石覺得茶也是花的同類，對著花煮茶，有點「殺雞儆猴」的意思，太過煞風景了吧。

分茶見功夫，鬥茶論高下

講究品茗的大宋文化人把喝茶這種事喝出了水準，喝出了層次，更喝出了藝術。就說大宋以前的人們，尤其是北方人，喝茶就喝茶，還偏要在茶裡加上鹽和薑，還有加花椒或者乳酪，甚至是芝麻的。這哪是喝茶，簡直是喝湯嘛！宋人在相當程度上還沿襲了這種風俗，因此蘇軾的弟弟蘇轍說「北方茗飲無不有，鹽酪椒薑誇滿口」。而蘇軾本人覺得這法子簡直「暴殄天物」，批評家人「老妻稚子不知愛，一半已入薑鹽煎」——家裡人不知道茶的珍貴，把他一半的「珍寶」拿去調入薑和鹽，做成了湯。

但是，真正的宋人早已經不再糟蹋茶這種好東西，反而從喝茶、品茗中發展出精美而又高深的藝術，那就是觀賞性的分茶和競技性的鬥茶。分茶，是一種點茶表演，就是把沸水從高處向下注入茶杯茶盞，和研磨好的茶葉末混合，在茶湯表面形成種種轉瞬即逝的圖案的技藝。

宋人分茶，要把水在茶瓶中加熱到恰到好處，達到「蟹眼已過魚眼生」（至於怎樣是「蟹眼」，怎樣又是「魚眼」，全憑經驗，而且全靠耳力聽辨出來），再把這水倒入茶杯茶盞之中——這就叫「注湯」，有的還要用茶匙攪拌——這叫「擊拂」，借此揚起茶花，形成圖案。

這種分茶的技藝如同在茶盞中作畫，能畫出花鳥蟲魚山水，雖為時短暫，卻堪稱絕妙。北宋時有個和尚名叫福全的，他更有一種絕技，分茶時能在茶湯表面化出文字，而且這些文字連起來竟能成為詩句。他曾給人表演過這項絕活，在四個茶杯中寫下一首絕句：「生成盞裡水丹青，巧畫功夫學不成。卻笑當時陸鴻漸，煎茶贏得好名聲。」

水丹青就是分茶，又叫茶百戲、湯戲或者茶戲。看來宋人是把分茶當成一種消遣娛樂，純粹的技藝來看的。當然，這樣的技藝實在絕妙，比今天舞起長嘴大茶壺，耍「丹鳳朝陽」「蘇秦背劍」這些姿勢好看得多。可惜，這門技藝已經失傳，非要到大宋朝才能看到了。

三十三

御酒與村釀，都入眾生腸
——杯中日月知多少

能夠稱得上「飲」的，除了茶，自然還有酒。「酒逢知己千杯少」、「酒入愁腸愁更愁」、「烹羊宰牛且為樂，會須一飲三百杯」、「花間一壺酒，獨酌無相親」，甚至可以「一曲新詞酒一杯」。中國人自古就離不開酒，開心了要喝，傷心了要喝，歡慶宴會要喝，一個人獨處也要喝，就連文人作了首詞，得意起來都要喝。

大宋從開國皇帝趙匡胤開始就有喝酒的老傳統——人家不靠喝酒，咋能鞏固政權呢？所以，宋人自上而下無論酒量大小、有錢沒錢都能喝兩杯，大宋朝自始至終也離不開酒，更有說不盡的酒文化。

內法密封藏，天下遍酒香

如果有一種酒，一聽那名目就知道價值不菲，好酒之人立刻食指大動、垂涎欲滴，那麼這種酒一定叫御酒。古時候皇帝叫「以天下奉一人」，給他喝的酒還能差得了？就說宋代，國力雖然不強但是富有，而且技術先進，釀酒方法比前代有了很大進步，所以大宋朝趙家的御酒沒得說，不敢說絕後，但肯定空前了。

空前著名的「趙氏酒業」都出產什麼好酒呢？「趙氏酒業」直屬生產廠商為「內酒坊」，也就是專門為皇宮大內生產酒的酒廠，所用的方法也屬於高度機密，叫作「內法」。其實最早的內法釀酒並不稀奇，說穿了就是蒲州（今山西永濟）釀酒法，實際上後周時已經成為皇室「專利」，大概趙匡胤懷舊，就沿用下來。所以，「趙氏酒業」的主打品牌就叫「蒲中酒」。

當然，除了沿用不衰、保持傳統的蒲中酒，「趙氏酒業」也有創新發明，而且機緣巧合流傳出來，為人所知。比如宋真宗曾經賜給宰相王旦一瓶蘇合香酒，並且洩露了祕方和功效：「每一斗酒以蘇合香丸一兩同煮，極能調和五臟，卻腹內諸疾。」這下好，大臣們紛紛效法，侵權仿造，全不顧皇家的專屬權。

「內酒坊」之外，「趙氏酒業」下轄有專為高級國宴、高官福利釀酒的光祿寺，其主打品牌「光祿寺酒」為大宋第一名酒。只不過和內酒一樣，這種酒不對外銷售，只用於賞賜和特別場合。光祿寺也為皇家生產御酒，這種酒要加「防偽標籤」——一種黃綢封蓋，成為其專屬標籤和價值的象徵。

到了南宋，宋高宗給自己換了一種專門用酒叫作「薔薇露」，「光祿寺酒」也被「流香酒」取代。南宋末年還有人進獻給皇帝一種「長春法酒」的祕方，要用三十多種名貴中藥，效果估計是好得不得了。可惜大宋皇帝們無福消受，很快就把「專利」轉讓給蒙古人了。

大宋第一也是唯一的「趙氏酒業」還有不少家「子公司」、「分公司」、「合營公司」等分支機構，由趙氏支系子弟們、外戚家族和官僚家族經營。也全都有自己的獨創和主打品牌，比如香泉、瓊酥、瑤池、玉瀝、清醇等。此外還有在「趙氏酒業」的主導和管理下的七十二正店「獨資子公司」，像豐樂樓，就有名酒「眉壽」與「和旨」兩大名牌。

廣泛遍佈大宋全國各地的眾多「私營酒業」就不必說了，光是流傳下來的名酒品牌就有二百多種，另外還有多種特別的酒類，比如加入了羊羔肉釀造而成的羊羔酒，從牛乳中提煉出來的醍醐酒，還有荔枝酒和黃柑酒等等。

宋代的酒性和宋人的酒量

大宋朝著名的「品酒達人」當算打虎的武松。「三碗不過岡」的景陽岡名酒「透瓶香」，被他一口氣喝了十八碗，然後他還能輕輕鬆鬆消滅一隻國家級保護動物。後來他醉打蔣門神，一路之上實行「無三不過望」，把鄉村野店的各種劣酒灌了三十餘碗，在肚子裡開了個雞尾酒會，照樣威風凜凜地打倒了曾經的「相撲冠軍」，還順便調戲了一下人家的娘子。不過，咱們早就被科普過，大宋的酒沒那麼烈性，武松也並非酒神。

據近代學者考據，宋代時大約還沒有用蒸餾法制成的高度白酒，即使有也極為稀少和昂貴。宋人喝的酒，主要是以釀造法制成的黃酒，還有一些濃度不是很高的果酒和用浸泡法制成的配製酒。這些酒的酒精度都不高，大約不會超過十度，比啤酒也烈不了多少。另一方面，宋代的容器容量雖然比現代略大，一碗能裝將近半斤酒，一升相當於現在的一斤多，但還不算嚇人，換算下來，喝一碗酒還不到現代的半瓶啤酒，喝一升也不超過一瓶半。

照這樣算下來，打虎武松在景陽岡喝的還不到十瓶啤酒，去快活林的路上最多也不超過二十瓶。這種喝法，酒量算不上大，肚量卻的確不小。

那麼宋代人真實的酒量到底有多大呢？蘇門四學士之一的張耒透露了一個資料：「平生飲徒，大抵只能飲五升以上，未有至斗者。」據他了解，他見過或者聽過的酒鬼中，能喝到五升（大約七八斤，不超過十斤）以上就算海量了。他提到兩個人，一個叫劉仲平，一個叫楊器之，據他說都能喝個六七升，但已經醉了。他說自己和晁補之酒量相當，「兩人對飲，輒盡一斗，才微醺耳。」每人喝五升剛有點酒意，估計這位老兄有點吹牛。而且恐怕他再喝下去，酒量沒問題，肚量卻要受不了了。

當然，張耒生得晚，沒遇到酒鬼皇帝宋真宗。據說這位趙恆在歷代帝王中酒量首屈一指，「近臣無擬者」——身邊的大臣們沒一個喝得過他。他「獨孤求敗」，聽說有李仲容「魁梧善飲」，忙把他找來一決高下。兩人舉起大杯，開懷暢飲，直喝得酣暢淋漓，勾起了老李的興致。

這個平時「居常寡淡，頗無記性」的傢伙對皇帝的問話對答如流，並且即興解釋了稱皇帝為官家的來歷。不過這場高手對決的結局沒有公布，《湘山野錄》中只說老李後來告饒，不肯再用大杯，估計是「皇帝沒贏，老李沒輸」的局面。

不過另幾位比張耒他們略早的人物簡直不能叫酒鬼，只能叫酒仙了。宋哲宗時有個官拜參知政事的張方平，他年輕時和另外兩個人——石延年與劉潛喝酒，根本不說喝幾杯，也不論幾升幾斗，「但言當飲幾日而已」，也就是要喝酒就連喝幾天！

那些愛酒的名流們

張方平的這兩位朋友中，劉潛算是一位小名流，石延年則算得上不大不小的中名流。劉潛善飲，他最有名的事蹟就是和石延年一同喝酒，這兩位在京城王氏酒樓喝酒，你一杯我一盞竟然彼此都不說話，就這樣對飲了一整天，一點喝多的樣子都不見，唬得酒樓的王老闆一驚一乍，還以為來了哪路神仙，四處去宣揚。當然，知情人知道喝酒的不是神仙，而是「酒仙」。劉潛的另一個事蹟也和喝酒有關。那次他正和石延年喝酒（又是這傢伙），有人來報信說他娘得了急病，他連忙回家，但他娘畢竟還是死了，而他也「一慟遂絕」，跟著死掉。這還不算稀奇，更稀奇的是他媳婦摸著他的屍體大哭，跟著也死了。時人稱讚他們夫婦說「子死於孝，妻死於義」，但咱總疑心劉潛的死跟喝酒恐怕有點關係，不完全是傷心的緣故。

就像石延年，他是文學家，也是書法家，又和很多名流如歐陽修、蘇舜欽都是好友，自己當然名氣也不小了，向來以好酒聞名。石延年除了和張方平、劉潛結為酒友，與蘇舜欽也因喝酒並稱。史書載，這兩位喝酒簡直入了魔，發明了很多花樣。譬如夜裡不點燈對飲之「鬼飲」，披頭散髮赤足戴著鐐銬的「囚飲」等。最有趣是一種「鱉飲」：把自己裹在草席之中，喝酒時伸出頭來乾一杯，喝完了再把頭縮回去……

真不知道石、蘇二人為什麼要發明這種古怪姿勢，這恐怕不能用為了找刺激解釋，卻很像魏晉名士「標新立異」的脾氣。這位石老兄脾氣也的確有點怪，他屢次報考公務員，好不容易才考中，卻嫌職位不稱心不想幹，別人推薦他升官他也不肯。到最後，皇帝想到要重用他了，卻因為說了一句「這傢伙別的都好，就是貪杯不好」，弄得石延年戒了酒，卻不久就染病離世，反而丟了性命。這樣一個人，內心也真是糾結矛盾。

蘇舜欽名氣更大，是北宋前期和梅堯臣齊名的大詞人。他雖然和石延年一起胡鬧，但卻更加正經一些。蘇舜欽年輕時曾經住在岳父家裡，不過他一點都不掩飾自己好酒嗜飲，每天都要喝上一斗酒。當然，他這樣的表現難免讓老丈人心中不快，更疑心他不務正業，因此專門派人去調查他。結果答案揭曉，小蘇竟然在讀《漢書・張良傳》，而且每讀到精彩的句子就喝上一杯。這下子老丈人放心了——能用古書下酒，這位才子有前途。

前面提到的那兩位酒鬼張耒和晁補之都是「蘇門四學士」中人，不過，在喝酒這種事上他們和自己的恩師可是一點都不一樣。蘇東坡自己說「予飲酒終日，不過五合」，他也是愛酒之人，卻每天喝不到一斤，實在是比較窩囊，和他的門人弟子們沒法比。想當年蘇老頭寫《水調歌頭・明月幾時有》，說自己「歡飲達旦，大醉」，估計也不過喝了一升兩升而已，也就算三瓶啤酒最多。

杯中之物花樣多

宋代人物像蘇老頭那樣「歡飲達旦」是很平常的事，這絕對是從開國皇帝趙匡胤那傳下來的祖訓。皇帝帶頭喝酒不用說，國宴級的宴會、君臣小聚的便宴幾乎每月都有，有時一個月就要喝上好幾次——元旦要喝，元宵要喝，端午中秋要喝，重陽冬至也要喝，春雨貴如油要喝，瑞雪兆豐年要喝，就連釣個魚、賞個花都要喝。國宴酒局裡有了皇帝，那規格場面還能錯得了？又是歌舞，又是百戲，又是雜劇雜技等等，別提有多熱鬧了。就算是便宴，聽音樂、看美女一般也是少不了的，可以變著花樣玩樂，讓有幸參與的大臣們感到無限尊榮、無限開心與風光，也無限懷念。

拋開國宴、君臣便宴，王公大臣、富豪世家的宴會也都奢華無比，美食、美酒不必說，這些家庭哪家沒幾個家伎，沒有家庭「文工團」？

宴會上更是既有各種表演，又有美女相伴，要是有機會參加一兩次，保管讓您當神仙也不換。

除了這些大型宴會，朋友小聚、同學會餐、同事聯誼一樣可以「有聲有色」。參加這些酒宴，「招娼引妓」很平常，根本不必擔心有什麼負面影響或者打翻了家裡的醋罈子，影響到家庭的安定團結。當然，這些「秀色可餐」的助興方式之外，酒令可以更好地幫忙活躍酒桌氣氛，提高喝酒的娛樂性，讓每一位酒客「多喝上三五杯」。

酒令這種事也是「古已有之」，只是到宋代有了新的發展變化。傳統的酒令，有從儀禮變化而來的投壺，就是每人發四支箭，向席前的銅壺或者陶瓷壺中投擲，以投中壺口或壺耳為勝，不中為負，輸了，自然就要喝酒。

投壺比的是技藝，如果技不如人，被罰酒也就沒得埋怨。不過宋代人比較謙遜，不喜歡分勝負、論輸贏，所以投壺雖然作為儀禮保留，別的此類酒令這時已經不多了。歐陽修為了發揚「不爭而樂」的精神，還發明了一種九射格，免得酒徒玩酒令爭勝負，惹出「酒禍」來。

這種九射格的玩法，是在一個大圓盤上畫九種動物，中間是熊，上面是虎，下面是鹿，左右分別為大雁、兔子、魚和大鵰、野雞、猿猴。參加遊戲的人依次射箭，看看能射中哪種動物。但喝酒的方式卻和能不能射中無關，因為大家已經實現抽了按九種動物設置的酒籌，上面寫著賞罰規則。有人射中了某種動物，就按照那種動物的酒籌上所寫規則喝酒——比如酒籌上寫著新來的喝一杯，您第一次參加這種酒局，就得喝一杯。

長知識——酒徒的歡樂宋朝

宋朝是中國釀酒業大發展的一個朝代，宋代的酒類品種繁多，按照現代分類法可以分為黃酒、果酒、配製酒和白酒四大種類。宋代的黃酒是標準的糧食酒，原料以稻米、黃米為主，口感醇厚還不上頭；果酒則以各種果品為原料，什麼葡萄酒、梨酒、荔枝酒、石榴酒、椰子酒。配製酒則是在蒸餾酒精的基礎上，加入花果或者藥材，是宋代酒蟲們滋補強身的首選。

三十四 飯局酒桌講究多，規矩也繁瑣

——宴飲必須講禮貌

前面提到，在大宋，到別人家做客時主人會上茶相待，等要走了主人又會奉湯送客。不過這只是宋人一般待客的禮儀，而且只和茶、湯有關。要是本來就準備去別人家蹭飯，或者有人請您吃飯喝酒，那講究可就多了——從雙方有這個打算開始，要進行一整套程式，還要遵守各種煩瑣的規矩，簡直麻煩死。

然而，咱們的老祖先就是這麼麻煩，無論做什麼都要講禮儀，吃飯更不能例外，不然怎麼叫「禮儀之邦」呢？

從接請帖，穿衣服說起

話說這天您在家閑得無聊，尋思著找誰蹭頓飯，管家敲門，送進來一張紙片，您接過一看，只見上面寫著：

欲二十二日午間具家飯，款契闊，敢幸不外，他遲面盡。右謹具呈。二月日。中大夫、提舉洞霄宮范成大札子。

您左看右看，覺著這是有人自動送上門來，但又不敢確定，忙瞧管家。管家這才說：「這的確是祠祿官范成大的請帖，請您二十二日，也就是兩天後中午到家裡吃飯。」接著管家又說：「送信的人還在門外等著，去還是不去得給個回話。」

您一拍大腿，這還用說，去啊！說起這位范成大您也知道一點，人家是南宋大名人，官至資政殿學士、參知政事。這樣的社會名流請客還能不去？當然，您也大概明白「款契闊」就是聊天敘舊，「敢幸不外，他遲面盡」無非是客套話。至於「家飯」，那就是家常飯菜。中國人好說「薄酒素菜，款待不周」，意思也都差不多。不過這位范先生也真是太客氣了，又不是結婚生孩子，犯得著發請帖嗎？

您正琢磨著，管家在旁邊低聲提醒您，要不要寫個帖子回復一下。

吃個飯也得寫回信？您有點不耐煩。管家連忙解釋：「這是規矩。尤其是對范成大這樣的名人又是文化人，更不能含糊。」您想了想，反正自己也不會寫，讓管家去寫吧，您就憧憬著兩天後的美食美酒了。

時間到了，您興沖沖、迫不及待地叫來管家，讓他備轎（范成大是南宋人，您得坐轎）出發。管家從頭到腳打量了您一番，疑惑地問：「您就準備這麼出門？」您摸摸自己烏黑錚亮的頭髮，拍了拍身上的褙子，反問：「這有什麼不好嗎？」但您總得戴上紗帽，穿上皂衫，紮上革帶吧？管家說，朱老夫子（朱子，即朱熹）教育我們「士大夫常居，常服紗帽、皂衫、革帶，無此則不敢出」。這已經是最低配置要求了，要是趕上朝會、正式宴請，還得穿戴得更正式得體呢。

得，穿就穿吧！吃頓飯還得穿戴得呆板拘束，真不知道圖個什麼。不過現代大酒店也有非正裝不得入內的規矩，您什麼大場面沒見過？能接受，很習慣。

◉上個桌兒好難

穿戴好紗帽、皂衫、革帶這套「正裝」，乘上一頂肩輿「小轎」就出發了。雖然還是早春二月，但上巳、清明已經近了，出了門滿眼一片翠綠，夾著杏花桃花的粉白嫣紅，江南二月的景色還真是怡人。不過您穿戴打扮得如此「嚴實」，儘管坐在轎上也還是很快就感到悶熱了。

好不容易挨到范學士家，您跳下轎就想進屋，趕快鬆口氣，然後儘快進入正題——開吃開喝。隨行而來的管家一把拉住您，上哪兒去啊您這是？怎麼也得讓人去通報一聲，等主人出來迎接，然後才能進去啊！

這又是規矩！等吧。您百無聊賴站了半天，才見范學士施施然從院裡走出來，快步來到轎前，整了整衣冠，上前彎腰施禮，恭請您登堂、入席。剛才您立等的時候，管家已經簡明扼要地給您上了一堂禮儀課。

您知道主人恭請，您得謙虛客氣，一次不行，三次才能「勉強」接受，走在主人前面。而且每到一處門戶前，主人都會停下來請您先進，您照例都得一再客氣之後才能行動。等一直走到主人請客的飯堂前，主人又會連續三次彎腰施禮，恭請您登堂入室，您照例表示不敢佔先，最後才邁上臺階進屋。

您也正是這樣做的，滿臉堆著笑，一遍遍說「這哪兒好意思啊」、「不敢當」、「您先請」，然後被主人讓進一道道門，您一邊心裡嘀咕著：「淨玩虛的！」

范學士家的門也真多，您二位走過四五道門，終於來到飯堂前。范學士又和您客氣一番，把您讓進了屋裡，這一段「拜迎」的禮儀才算進行完，您也終於鬆了口氣。進了飯堂抬頭一看，兩邊已經擺好了飯桌條案（宋代時合餐制雖然已經興起，但正式酒宴還是分餐，所以長條的飯桌分兩邊擺放），但上面還沒有菜，連酒都沒擺出來。屋裡也沒有別的客人，原來您吃喝心切，早到了那麼一兩個時辰。

早不早反正也來了，您正琢磨著自己應該坐哪兒，一個僕人跑進來報告，又來客人了。范學士連忙跟您說「怠慢」，讓您自己先涼快一會兒，又出去迎接客人了。就這樣，您眼巴巴地望著，等待開席。

東翁西賓話座次

迎進一個客人又一個客人，足足過了半個時辰，客人到得差不多了。范學士已經是氣喘吁吁、汗流浹背，來回走了五六圈，這時候才算站定了喘口氣。他一邊跟大家寒暄，一邊說抱歉忘了安排座位；大家嘴裡說「沒事」，眼睛都盯著椅子，恨不得一屁股坐下去。

那就排座吧。這排座也大有學問，可不是隨便一屁股坐下去的。只見范學士走到一位年長的老者面前，請他上坐。老者略一推辭，就在范學士的陪伴和眾人羨慕的眼光下走向飯堂右手邊靠裡的第一張桌子，坐下了。這間飯堂朝南，右手邊就是西側。您點了點頭，古人以右為尊，而且西是客位，這您聽過。讓過老者，范學士又走到另一位看起來就官架十足的傢伙面前，請他過去坐在老者下首。那傢伙也真客氣，死活不肯過去坐，後來還是旁邊兩位連拉帶勸，一邊說「此座非您莫屬」，他才一臉勉強的樣子入了座。接著范學士安排了兩個人，又來請您。您也裝模作樣客氣幾句，走過去坐下了。

忙活了一通，大家總算都在西邊坐定，范學士才走向東首，在把頭的位置坐下。原來，東就是房間的左側，范學士自己坐在那邊表示謙虛；而且東是主位，主人也應該坐在那邊。古人稱東翁、東主、東人，就像現代叫東家，是主人的意思。至於西賓，賓客通常坐西邊，以示主人對客人的尊重。古時家裡請來家庭教師吃飯要坐西邊，所以又叫西席。那麼這飯堂要是不朝南呢？那就堅持以右為尊，客人坐右邊，主人坐左邊。

但還有一個問題，北面的位置給誰坐呢？答案是只有尊長可以坐在那裡。比如范學士的老爹如果還在，他也想出來陪大家喝酒，他就可以坐在面南背北的位置。另外，其實在此時「共桌而食」的合餐制也很流行了。在一張桌上，對著門的位置右首為尊，是主客的座位，左首是主人的位置，以此類推。

您坐在座位上，望著主人范學士，等他喊「上菜」。主人也望著大家，卻並不喊「上菜」。轉眼間，僕人從主人身後的房門進來，捧著臉盆、端著酒杯、拎著酒桶。

范學士先在臉盆裡洗了洗手，僕人就把臉盆端過來，讓客人們也依次洗手。講衛生當然是好事，您也洗了手。接著范學士又親自給大家洗酒杯，僕人再一個個按照尊卑次序分發給客人，並給客人倒酒。

開席了也不能太放肆

好不容易這一切都忙完了，僕人又從范學士身後的那道門魚貫而出，端上來一盤盤菜。您左右一看，大家都正襟危坐，對擺在眼前的菜看都不看一眼。當然啦，您看也沒用，這些都是「看菜」，就是用來看的，根本不能吃。那好吧，您也學別人的樣子，規規矩矩地坐著，等著主人發話。

這時候，范學士清了清嗓子，端著酒杯站了起來，客人們也全都起立端杯，您也跟著學樣。接著，范學士滔滔不絕說了祝酒詞，無非是些「光臨寒舍不勝榮幸」、「薄酒素菜不成敬意」的客套話，說到最後的主題就是提議大家共同乾一杯。乾一杯就乾一杯，這您可不怕，您一揚脖，一杯「流香酒」就灌下了肚子。但是且慢，您乾錯了不是？這杯酒應該從主客，也就是那位老者喝起，然後是那個大官，一個個輪下來，輪到您了才能喝。算了算了，喝都喝了，下不為例吧。您看著別人把一杯杯酒喝下去，最後是范學士乾杯，表示感謝大家賞臉，這樣，「一行」酒就算結束。

「一行」就是一巡。古人說「酒過三巡，菜過五味」，請客喝酒至少要喝「三行」，也有喝「五行」「七行」的。不過好在第一行結束後，就開始上菜了。這次是真的能吃的菜。但是看著菜，您不敢輕舉妄動，生怕又犯錯丟醜。果然，大家都不動，等著范學士提起筷子夾了一口，大家才紛紛開始吃。

折騰了這麼半天，您餓得也吃不出好壞了，不管三七二十一只管往肚子裡塞，還得一邊應付著敬酒，忙了個不亦樂乎。您這邊吃著，酒局正常進行，身為主人的范學士連番敬酒，客人們也紛紛回敬，很快「五行」酒過去，宴會到了自由發揮階段。這時您注意到有人已經解下腰帶，脫下衫袍，露出了裡面的褙子。您摸了摸自己已經滾圓的肚子，連忙也把自己的革帶解下，衫袍脫掉，徹底放鬆。當然，您也注意到沒人摘帽子，所以您的紗帽也只好乖乖留在頭上。

頂著帽子吃了整整一頓飯，喝了大半天，早已經滿頭大汗。這時天色已晚，華燈初上，大家酒也喝不動，菜也吃不下了。范學士道歉說，今天招待不周，家裡的樂隊出去走穴還沒回來，京城裡的樂隊戲班子也都有預定，竟然沒給大家奏樂、演戲，實在是怠慢了。旁邊的一個傢伙小聲嘀咕：「這個老范還真行，基本都是按《禮記》規定的禮儀招待的，只可惜沒有禮樂，顯得不夠莊重。」另一個說：「可不是，還以為能看點歌舞表演呢，結果沒戲。」

歌舞表演您懂，但禮樂是怎麼回事？後來問了管家才明白，主人每一行敬酒都應該有禮樂伴奏，主人端著杯，禮樂不停就不能放下，客人也得端著杯陪著。您心想，乖乖，幸虧沒有，不然這頓飯局還不把人累死？

然而即使是這樣您也夠狼狽的，您揣了整整一大兜棗核、杏核之類的回家。因為這事管家教過，「賜果於君前，其有核者懷其核」——主人家端了水果乾果給您吃，有核的，要把核揣起來，不能亂扔。除了這一點，古人吃飯喝酒時的規矩還多著呢，您是真真切切地體會到了參加大宋飯局的不易。

三十五 炊餅沒餡饅頭有，麵食天下佛家粥
——宋人的主食餐桌

參加一次宴飲聚會既耗體力又費神，實在是得不償失，比不上自己在家吃飯舒適自在。何況民以食為天，這個「食」主要還是主食。宋人的主食，在北宋時以麵食為主；到了南宋，隨著宋室南遷，麵食也被傳到江南。但南方是稻米之鄉，平民百姓向來多食米類，而佛家吃粥，慈善者捨粥的傳統也在影響著麵食習俗，為宋人的餐桌增添了新元素，粥食、米食也開始列入宋人的食譜。

餅可以蒸煮烤，饅頭餡種類多

大宋賣麵食的第一名人是武二郎的哥哥武大郎，他賣的麵食叫「炊餅」。現在

有人學武大郎的樣子穿上宋人的衣服，挑著擔，賣的卻是燒餅。其實這是個極大的笑話，炊餅是蒸熟的，原本叫「蒸餅」；燒餅要烤熟的才行。蒸餅改名叫炊餅是因為宋仁宗，這位皇帝叫趙禎，「禎」「蒸」音近，為了避諱才改作「炊」。千年以後的人不知道，還以為炊餅就是燒餅，結果弄了個冒牌貨出來。殊不知好好的燒餅要是捂起來拿出去賣，軟塌塌不酥不脆，有人買才怪。

閒話少說，武大賣炊餅（蒸餅），可見這東西是當時常見的主食。

其實炊餅就是今天的饅頭，沒有餡也不加油、鹽、芝麻、糖之類，可以挑著走街串巷叫賣，而為了保溫、保潔才加以遮蓋，且價格便宜，適合平民消費。實際上，宋人吃的麵食大半可以叫餅，蒸出來的叫炊餅，烤出來的就叫燒餅，而煮出來的，則叫湯餅。湯餅可以是麵條或者麵片，而且葷素皆備、花樣繁多：葷的有軟羊麵、大片鋪羊麵、豬羊庵生麵、插肉麵、抹肉麵、炒雞麵、絲雞麵、魚麵、炒鱔麵、蝦臊子麵等；素的有菜麵、百合麵、筍潑麵等；也可以葷素搭配，如筍潑肉麵、虀肉菜麵等。此外還有拌麵，稱為淘或冷淘，有筍菜淘、絲雞淘、銀絲冷淘等。

但是既然宋代的炊餅就是今天的饅頭，宋代的饅頭又是今天的什麼呢？答案是包子。宋時饅頭帶餡，實際就是包子。北宋最高學府太學為學生提供伙食飯，食堂的主食之一就有太學饅頭。宋仁宗曾經去太學視察，專門品嘗了當天的伙食饅頭，隨後評價說：「以此養士，可無愧矣！」咱大宋用這麼好的伙食培養人才，可以不用感到慚愧啦！

宋仁宗的名人效應果然巨大，太學饅頭一舉成名，大家都搶著吃。

而市面上的饅頭也不示弱，各種餡料令人垂涎，如羊肉饅頭、魚肉饅頭、蟹肉饅頭、四色饅頭、筍絲饅頭、鳳梨果子饅頭、糖飯饅頭、灌漿饅頭等。這裡的鳳梨果子和糖飯饅頭應該都是甜食，灌漿饅頭想必就是灌湯包子。除了這些，還有獨下饅頭、假肉饅頭、餕餡饅頭之謂。獨下，是一整個大肉丸；假肉即今素肉；餕餡者，酸餡也，是用酸味的菜蔬做餡。

包子、兜子和角子

在大宋，炊餅不是燒餅，饅頭就是包子理應成為常識。當然啦，大宋也並非沒有包子，而且有很多種包子。例如《東京夢華錄》說汴梁著名的包子鋪有州橋的王樓山洞梅花包子、御街西的鹿家包子，還有鱔魚包子、諸色包子；《夢粱錄》和《武林舊事》則提到臨安專有包子酒店賣薄皮春繭包子、肉包子；此外有細餡大包子、水晶包兒、筍肉包兒、蝦魚包兒、蟹肉包兒、鵝鴨包兒等等。這些包子也都是帶餡的麵食，和當時的饅頭區別不大，經常並列。不過，「包子」和「饅頭」並不完全一樣，包子皮可以不用麵，餡也可以不用肉菜。

所謂皮不用麵，載於宋初陶谷所著《清異錄》。在這本書的「饌羞門」類事中，陶先生向廣大吃貨做了個廣告，介紹當時閶闔門外有一家特色小吃，名叫「張手美家」，他家每到一個節令就專有一種特色食物出賣，其中伏日（一般指初伏）賣的就叫「綠荷包子」。這種包子顯然不是麵皮包成，很可能是用荷葉。《東京夢華錄》也有「豬羊荷包」，大概也是荷葉包的豬羊混合肉餡吧。

包子可蒸可煎，用料豐富多樣，堪稱大宋美食。當時還有一種類似包子的食物，取了個怪名叫「兜子」。從字面意思看，兜子古時指沒有廂的轎子，但四邊可以有圍欄，現代人說兜子則指不封口的袋子。據此，兜子這種食物應當上不封口，將餡露在外面，並且肯定不能煮著吃，只能蒸。宋人美食中記載的兜子，有四色兜子、決明兜子、魚兜子等。其中的四色兜子，大概和現在的一種多種餡料的蒸餃類似，看一眼就知道包的是什麼餡，而且色彩鮮明、對比強烈。至於決明兜子和魚兜子，裡面應該有決明子和魚肉。

據考證，宋代時已經有了餃子，但那時的餃子不寫作「餃子」，而是用「角子」這兩個字。而且，當時的角子既不是年節必備的吃食，也不一定煮著吃。《武林舊事》就提到御廚房給太上皇（宋高宗）進奉一種「火燒角兒」，大概是烤著吃的。從同時進奉的其他幾種食物看，這東西也可能是一種甜食，因為當時送去給太上皇的還有天花蘑菇、蜜煎山藥棗兒、乳糖之類，看來這「火燒角兒」也不會是肉餡吧。

年節吃食，中外風味

大宋人過年不吃餃子，吃的是「餺飥」。餺飥是種什麼東西呢？不同時期的餺飥很可能並不一樣。宋朝時的餺飥，根據歐陽修的說法，應該是唐朝的「不托」，為湯餅的一種，也就是麵片湯。《齊民要術》說餺飥是將拇指粗細、兩寸許長短的麵團按壓成薄片，在沸水裡煮熟而成，極為光潔滑嫩。這樣看來至少南北朝到北宋時的餺飥，都是麵片湯。但是從唐朝傳到日本的餺飥已經變了樣，實際上是一種雜燴湯，有菜也有肉，並把麵直接在湯裡燉熟。然而清人蒲松齡寫《聊齋》，說做餺飥要用肉，大概又有點餛飩的意思了。

那麼宋人吃的是哪種餺飥呢？很可能是麵片湯。

不過其實，宋人最重視的冬日節令是冬至，而不是除夕新年。在冬至那天，人家吃的是大餡餛飩。餛飩這種東西，和現代的餛飩、餃子很像，大概兩者的性質兼而有之。宋人自己解釋說餛飩是混沌氏的創造，估計是牽強附會，不過餛飩倒很可能和「混沌」這個概念有點關係。就像清朝人富察敦崇在《燕京歲時記》裡所說的，「夫餛飩之形猶如雞卵，頗似天地混沌之象，故於冬至日食之。」餛飩像不像雞卵不好說，但象徵著混沌倒似乎有點道理，這很符合老祖先的脾氣，什麼事都要聯繫到天地陰陽。冬至日是一陽初始的時候，自然容易聯想到混沌初開。餛飩的品種很多這一點，參照饅頭和包子的情況就可以知道了。

否則，宋代時也不會出現富貴人家過冬至要做十幾種餛飩，盛在一個精美的容器裡，並美其名曰「百味餛飩」的情況了。

過了冬至和除夕就是元宵，也就是上元節。元宵節吃元宵，宋人一樣有這種口福。北宋元宵叫「油」，和現代炸元宵沒什麼不同。而南宋湯圓叫「浮圓子」，也可作「浮元子」，應該是煮著吃，不然不會浮起來。《武林舊事》提到一種乳糖圓子，大概就是浮元子的一種，是甜的。另一種澄沙團子，筆者卻疑心並非湯圓，而是麻團、豆沙包似的東西。另外，依照宋人喜歡肉食的天性和習俗，那時的湯圓大概也該葷素都有、鹹甜具備，並不限於甜的素餡。

到了寒食不能舉火，麵食也要吃涼的。這時人們的主要麵食有撒子，為「寒具」之一種。說起撒子您可能知道，就是油炸的細如麵條的東西，現在還有得賣。但「寒具」是什麼呢？其實就是寒食節的吃食，種類很多，有米有麵，還有一種飴糖（稠餳）。端午不用說，當然要吃粽子，當時的粽子有用菰葉卷裹的，也有用竹筒裝的，但內容一致，都是糯米。此外如重陽節的重陽糕、臘八日的臘八粥，也都要用到米，不全是麵食了。

但是還應該提一下的，是燒餅，還有一種饆饠。燒餅本來叫胡餅，是胡人的東西。宋代也已經有了改良版，例如麻餅，很可能就是芝麻酥餅。至於饆饠，有人說源自波斯，誰知道是餡餅還是抓飯，到現在爭議還很大。

七寶五味臘八粥

前面提到的年節吃食，從端午的粽子開始就有了米的影子。其實寒食節的「寒具」之中就有糯米粥，已經要用到米了。北宋的都城汴梁在今天的河南，屬於北方。北人自古向來以麵食為主，不過也有些食品是用米做的。何況汴梁是京城，彙聚天下物產，自然也少不了米。像饅頭品類中的那個「糖飯饅頭」，就不知道是不是用了某種米飯加糖做餡，包在了饅頭裡。不過這方法也實在奇怪，難以理解。但《東京夢華錄》中另有南食店中的煎魚飯，還有一種「荷包白飯」，則肯定是米飯了。因為南食就是南方的食物，當時南人並不吃麵，更何況南方本來就產稻，煎魚飯不是米飯還能是什麼？倒是「荷包白飯」，固然可以歸入「包子」，說是今天的荷葉飯大概也差不多，只是不知道荷葉粉蒸肉和它有沒有親戚關係。

北方人吃的米飯類食物畢竟太少，翻遍史書也很難找到幾種。不過當時無論南北都有以米作為原料的食物——粥。要說粥這東西能在民間普及，還得感謝兩種人，一種是僧人，一種是慈善家。佛家吃粥是傳統，佛法弘揚、信眾廣大，佛家的一些傳統習慣自然也就傳播開來。而古時候的慈善家，發給窮人麵餅、饅頭、包子的罕見，施捨粥的可就比比皆是——稀粥一碗也能活人，做了善事又不至於因此傾家蕩產，也算是好事。

當然，這裡說的並不是普通的粥，更不是慈善家們施捨的稀粥，而是大宋馳名粥品，名叫「七寶五味粥」。七寶五味粥出自佛家，佛家經典中有七寶，各種說法不一，不過基本都有金、銀、琉璃、珍珠、琥珀這幾種，此外也都有一種叫硨磲的東西。硨磲屬貝類，然而卻是佛家的寶物，更是藏傳佛教中的聖物。不過別想歪了，七寶五味粥可不是，也不能把上面這幾種東西煮來吃。這裡說的七寶，實際是七種食物「胡桃、松子、乳蕈、柿、栗、粟、豆」，其中的胡桃就是核桃，乳蕈應為乳菇，柿用的是柿餅，栗是板栗、粟是小米、豆應該就是小豆。

這種粥要什麼時候才能喝到呢？這一點北宋南宋一致，都是在臘八。所以七寶五味粥其實就是臘八粥。當然，這東西聽起來更像是今天的八寶粥，而且平時也不是絕對喝不到，只是名稱簡單了一些，可以叫七寶粥、五味粥，也有七寶素粥的說法。大概因為是來源於佛家，所以特別加一個「素」字吧。

長知識——叫賣有風險

宋代炊餅業競爭十分激烈，為了在市場中取勝，賣炊餅的小販想出了各種方法，在街頭使用五花八門的叫賣聲，以招徠顧客。開封城中一位賣炊餅的小販，為了別出心裁，在皇后居住的瑤華宮前附近叫賣「吃虧的便是我啊」，結果被開封府衙役抓捕審訊，最後還被打了一百板子。正所謂，叫賣有風險，小販需謹慎。

三十六

一品四海珍，食精膾更細

——美食超贊，吃貨很忙

在大宋這麼一個富裕幸福的時代，怎麼少得了珍饈美味？前面已經零星提到了一些菜品名稱，又講了大宋豐富多樣的主食，現在該說說各種美味精緻的美食佳餚了。別看大宋疆域沒有漢唐大，但在飲食方面絕對是「吃貨輩出」。首先說吃的內容：舉凡雞鴨魚肉、海鮮野味、珍禽異獸，宋人可以說無所不吃，更無所不好。再說烹飪手法：不論煎炒烹炸、燜烤燉煮、醃醬生吃，宋人同樣是樣樣精通，無所不用。孔夫子說的「食不厭精，膾不厭細」，在宋朝餐飲業上得到了極好的體現。

豬肉品級低，羊肉正當時

要瞭解一個朝代的飲食品味，知道當時的人以什麼食物為貴，當然要看皇帝的食譜。全國數帝王高大上，他吃什麼，當然什麼就是高大上。以肉食而論，大宋皇帝們吃什麼肉呢？答案是羊肉。

據史料記載，宋神宗在位時，皇家一年到頭要消耗四十餘萬斤羊肉，而豬肉的需求才四千多斤，大約只占百分之一。這種數量和需求比例終整個北宋基本穩定，到了南宋羊的數量減少，但皇室還是堅持吃羊。所以說宋朝皇帝不喜豬肉、主攻羊肉是基本正確的。在宋代，羊肉屬於肉食中的主流食材，否則也不會成為皇家的首選。

實際上，宋人對羊肉評價很高。不單是羊肉，羊的全身在宋人看來都是寶，不僅美味可口，而且能滋補治病，對身體大有好處。因此儘管宋朝羊的畜牧數量有限，而且基本靠進口，皇帝還是帶頭大吃特吃，宋人更把羊肉看成上等肉食，以羊肉為美，以吃羊肉為尊貴。例如南宋司膳內人曾經留下一份宋高宗留下的菜譜，名《玉食批》，在這份御膳中，單憑名目就可以看出以羊為食材的菜就有酒煎羊、羊頭簽、羊舌簽、排炊羊等等。此外像大臣貴官的菜單上有燒羊、燒羊頭雙下、羊舌托胎羹之類，應當都屬於羊肉菜式中的極品。

與羊肉相比，豬肉簡直算不上什麼。皇帝不吃豬肉，倒不是和豬相關就完全不沾。《玉食批》中就赫然有一道豬肚假江瑤，江瑤是假的、素的，豬肚卻肯定貨真價實。然而到了民間豬肉就驟然多了起來，只因羊肉太尊貴、數量又少，所以老百姓只好退而求其次，以豬肉為肉食來源了。

大宋的社會底層一天要吃多少豬肉呢？這恐怕沒法統計。但有兩件事很能說明問題：第一，東京汴梁每天的豬肉有固定進貨管道，生豬每天傍晚從南熏門進城，被趕到肉鋪屠宰。這時節才叫壯觀，只見萬豬奔騰、塵煙飛起、聲勢浩大。但到第二天一早，這些豬就掛在了市店門前，擺在了肉鋪案上。待到夜裡，就已基本都祭入汴梁市民的五臟廟了。第二，某些地方豬肉可能更便宜，幾乎是窮人的專利。例如在黃州，豬肉就「價賤如泥土」呢。

您問了，宋人為啥不吃牛肉？水滸英雄不就個個吃牛肉嗎？事情是這樣，那時靠牛耕田，牛是主要的農業勞動力，當然不能吃，也不應該吃。大宋多位皇帝曾親自下令民間不能宰牛，百姓怎麼吃得到牛肉呢？官員們也不好公開吃吧？不過實際上吃牛肉的還是不少。比如說強盜就可以，水滸英雄是強盜，所以他們吃；民間也會偷著吃，而且成了風氣，以至於有很多書記載宋人「公然」吃牛肉。既然說「公然」，當然就是犯法的意思。

◉螃蟹鮮、河豚美，生死只等閒

「健康誠可貴，生命價更高。若為美食故，二者皆可拋。」這就是大宋吃貨的理論，他們就是這麼勇敢。人們都說第一個吃螃蟹的人，一定是個勇敢的人。其實，愛吃螃蟹而又堅持不懈的人，肯定比第一個吃螃蟹的人更勇敢。

無論在南宋北宋，螃蟹都是個好東西。《玉食批》中以螃蟹為食材的菜品有螃蟹釀橙、洗手蟹、蝤蛑簽。這前後兩種回頭再說，洗手蟹可是大宋名吃，是螃蟹在大宋的經典吃法，官民通用。其具體做法是把螃蟹斬碎、拌上佐料、洗洗手就吃，又快又方便。只是這樣吃肯定有問題，螃蟹本就性寒，再加上生吃，吃多了難免生病。北宋時的宋仁宗就愛吃蟹，結果小小年紀就吃出了毛病，害得劉皇后禁止他吃蟹，甚至連累整個皇宮都不能吃海鮮。

無獨有偶，宋孝宗趙昚也愛吃蟹，而且同樣吃起來沒完，結果得了痢疾，怎麼都治不好。後來，憲聖慈烈吳皇后（宋高宗的媳婦）偶然路過一個小藥店，有病亂投醫，請教小店的郎中。說來也巧，這個郎中正好擅長治痢疾，給孝宗診過脈後，竟然只用幾副藥就把他治好了。不過這藥方很怪，是用熱酒送服以新藕研磨的藕粉，不像中藥，倒像偏方。再後來孝宗還敢不敢吃蟹呢？書裡沒說，估計是控制不住，照吃不誤。吃蟹很危險，但畢竟還不至於送命。不過另一種食物就不那麼可靠了。

「似聞江瑤斫玉柱，更喜河豚烹腹腴。」宋代人愛吃河豚，把牠列為極品美食。當然啦，宋人已經知道吃河豚的危險，早在宋以前很多書中就有河豚「性有毒」「魚肝與子俱毒」的記載，《本草拾遺》更說這東西「入口爛舌，入腹爛腸，無藥可解」，可見其危險之至。

然而河豚再毒，也掩不住牠的美味。這巨大的誘惑令人前仆後繼，不惜冒著生命危險也要大快朵頤。前面那兩句詩就是「大宋第一吃貨」蘇東坡所作。當時他正在海南，吃到了天下第一鮮果荔枝，體驗到了楊貴妃體驗過的那種絕世美味。在這位極品吃貨看來，荔枝這種極品鮮果，只有江瑤玉柱和河豚才能和它媲美！

當極品吃貨遭遇極品美味，還有什麼力量能把他們分開呢？當初蘇軾在常州，有人請他吃河豚，他吃得酣暢淋漓，連話都顧不上說，到最後肚子溜圓，還要再夾上一口才肯甘休。而他吃了一整頓飯，對河豚唯一的評價是：「也值得一死！」

怎麼貴怎麼吃，有錢就是任性

講到大宋貴族消費時，提起蔡京請客上了一道主食「蟹黃饅頭」，價值昂貴。

其實對於皇族貴族來說，人家有錢就是任性，東西怎麼貴怎麼吃，上不了檯面一概不要。

就說前面那道羊頭簽。簽這東西有人說是羹，也有人說是竹簽串烤的肉串，但都很可疑，因為王安石吃羊頭簽是在看書時抓著吃，而且一吃一整盤，可見它既不是湯也不是串。其實，這東西應該是油炸食品，但到底是在羊頭肉外面包了什麼，則可以存疑。

扯遠了，回頭說羊頭簽。羊頭簽並不用整個羊頭的肉，而是只取兩腮的嫩肉，但這可能只是宮廷御膳的做法，王安石未必捨得，平民百姓更沒那麼任性。然而宮裡做羊頭簽浪費，做別的更浪費：前面說的那個蝤蛑簽，要用蟹螯裡面的肉；螃蟹釀橙用的也是蟹螯裡的肉，具體做法是在橙上挖一個洞，取出橙肉，填入蟹螯肉，加入醋、橙汁、鹽之類調料，蒸熟後食用。

羊頭剩下的肉和螃蟹剩下的部分哪裡去了呢？全都被「棄之地」，直接扔掉了，因為那就不是給高貴人士吃的東西！皇帝這麼奢侈，他的大臣們也毫不示弱。還是那位蔡京蔡太師，他喜歡吃一種鶉羹，做這樣一道菜要用幾百隻鵪鶉。就算只有一百隻，就算他每天只吃一次，堅持不懈，他一年就能吃掉三萬六千五百隻！

這麼浪費的事情大概誰也無法忍受，以至於後來鵪鶉們的鬼魂集體給蔡太師托夢，為他上了一堂生動的「因果報應」課，「食君廩中粟，作君羹中肉。一羹數百命，下箸猶未足。羹肉何足論，生死猶轉轂。勸君宜勿食，福禍相倚伏。」吃你的被你吃也是活該，但你要是吃多了，早晚會有禍。比蔡京大九十七歲，當了三次大宋宰相的呂蒙正在奢侈方面也許趕不上他的晚輩，但在浪費方面一點不差。他的最愛是雞舌湯，而且每天早上都要喝。這樣做的結果就是，他家的雞毛堆成了山，雞肉呢？不知道，但肯定不是他自己吃，而且他也吃不完。

野味求珍奇，偏民食詭異

所謂豪奢，光是豬羊海鮮肯定不夠，就算是儘量挑剔，只選「精華」的所在，也還不夠顯示上流社會的高貴。那怎麼辦呢？還要珍奇特別，一般人難以見到，甚至無法想像才行。食物中最為珍奇特別的，莫過於歷代相傳，但卻從來沒有定說的「八珍」。

說起這些稀奇古怪的玩意，您會不會立刻想起龍肝、鳳髓來？那得恭喜您，您多多少少還知道「八珍」這種事。當然啦，龍肝、鳳髓根本不存在，不過一般說法中的熊掌、猴腦、象鼻、駝峰這些東西還是有的，雖然珍稀，畢竟不是在地球上根本找不到。這幾種「奇珍」，熊掌、象鼻和猴腦對大宋的富豪們來說也不算太難，在南方想辦法總能搞到，但駝峰就不行，因為駱駝只有北方的戈壁沙漠才有，那裡卻全都是大宋的敵人。所以，在大宋吃駝峰就顯得異常高貴。皇帝御宴中，第三行酒上的菜一定有一道「雙下駝峰角子」；而吃駝峰，最佳選擇是壯碩盛年的駱駝，其中極品，是紫駝峰。

除了抓兩匹「沙漠之舟」來殺了，吃肥美、軟嫩的駝峰肉，捕食野生動物也是上上選擇。大宋珍稀野生動物中有一種和現代人關係很深，那就是雪天牛尾狸。什麼，您沒聽過？正常，咱換一個現代名稱，果子狸，知道了吧？這種動物「首如狸，尾如牛……壓入糟盎肥欲流」，是一種肉質極為甘美的動物，而且越到秋冬越肥，難怪要在雪天裡倒楣，成為人們的盤中餐。

像紫駝峰、雪天牛尾狸這樣的珍物，帝王豪富之外，文人士大夫們只能偶然有機會品嘗，所以才會念念不忘，但對平民百姓來說，那可就遙不可及，如同天方夜譚了。然而有些平民百姓的食物對於文人士大夫們來說，也如同天方夜譚。比如有一個著名的故事說，蘇軾帶著他的小妾朝雲到惠州，老兵買回來一種粉白細嫩的肉食給這位朝雲女士吃。朝雲女士吃了大概覺得味道還不錯，以為是某種海鮮，於是好奇地打聽了一下。結果那答案把這位北方小姐嚇壞了，竟然「哇之」，就是吐了出來。這還不算，她接連病了幾個月，最後竟然一命嗚呼了。什麼東西這麼嚇人呢？其實很簡單，就是蛇肉。

三十七 營養不能少，素食同樣很美味——菜蔬與果品的狂歡

從主食到副食，從肉類到海鮮，再從御膳珍饈到天價名菜，又從山珍到野味，這邊一口氣講了一大堆，您那邊卻忍不住拍案而起：「這不公平！難道活在大宋就只能吃肉？要想食素就只能當和尚喝粥？」

誰說素食主義者在大宋就沒有口福？大宋一樣有青菜豆腐，一樣有乾鮮果品，只有您想不到，沒有咱做不到。當然啦，超越歷史限制、超出基本常識的要求不算。譬如您明知道是在大宋，卻偏要吃十六世紀從南美洲傳到歐洲，又過了近百年才出現在中國的馬鈴薯，那就是難為人了。

醃拌煎煮，蔬菜豆腐

在南宋京城臨安，很容易就可以買到下面這幾種菜：

藕鮓、冬瓜鮓、筍鮓、茭白鮓……鮓菜。

糟瓊枝、糟黃芽、糟瓜齏……諸般糟醃。

上面這兩類一類叫鮓，一類叫糟，它們都是怎麼回事呢？鮓可以是醃制的鹹魚、酒糟魚，也可以是拌菜——把菜切碎，加入鹽、麵粉或米粉，再調入其他佐料拌勻即成，可以存起來隨時取食。所以藕鮓就是拌藕片，冬瓜鮓就是拌冬瓜片，筍鮓就是拌筍絲，茭白鮓不用說，就是拌茭白碎丁。其他任意合用可口的菜拌出來，大概就都可以統稱鮓菜了。

至於糟，實際就是酒糟。宋人喜歡用酒糟醃制食物，上文講雪天牛尾狸就有「糟一宿」的做法，就是用酒糟醃制一夜。肉類可以糟，菜蔬也可以糟。瓊枝是海藻，糟了就是糟海藻；黃芽肯定不指茶，應該是豆芽菜，所以糟了就是糟豆芽；宋時蔬菜瓜至少有黃瓜和冬瓜，齏則是薑蒜韭菜一類辛辣的東西，可見糟瓜齏很可能是酒釀辣瓜條。同樣，多種蔬菜也都可以糟之，成為諸般糟醃。

不管是鮓還是糟，都有點鹹菜的意味，喝粥還行，下飯就不夠好了。沒關係，咱還可以做羹。羹都是煮出來的，不過有些也可以先過油：譬如元修菜，其實就是一種蠶豆，也叫作豌豆，產於四川。做元修菜用的是這種蠶豆春天時的嫩苗嫩葉，採摘回來擇好洗淨，下鍋「用真麻油熟炒」，再加鹽、醬煮成菜羹，蘇東坡說食之「點酒下鹽豉，縷橙芼薑蔥。那知雞與豚，但恐放箸空。」實在是一種美味。像這樣的菜羹還有很多，而且有的名字還很典雅：如玉帶羹，其實是蓴菜和筍；碧澗羹更絕，是芹菜做的。

說到美食家蘇東坡，不能不提一下東坡豆腐。這道名菜有兩種做法：可以用蔥油煎豆腐，再加入一二十枚研榧子和醬料，煮熟即成；也可以只用酒煮。既然這道菜是蘇軾研製的，當時肯定已經有了豆腐，而且豆腐已經是很受歡迎的食品。而關於豆腐的吃法，宋時有豆腐羹、煎豆腐。煎豆腐不必說，豆腐羹大概就是豆漿，另外《玉食批》御膳食譜中有一品「生豆腐百宜羹」，很可能是頂級百搭口味豆腐腦。最絕的是蘇東坡有個朋友張揮，法號仲殊，他吃豆腐竟要用蜜醃漬了再食用，別人都受不了他，只有蘇軾能和他面對面大嚼。這人也怪，不單豆腐這麼吃，麵筋、牛乳也這麼吃。

乾果蜜煎，各地名鮮

說完了菜蔬該說果品。在東京街頭市面上有眾多「乾果子」出售，如梨有梨條、梨乾、梨肉、梨圈；棗有膠棗、棗圈、肉芽棗；李子有嘉慶子、烏李、李子旋；山楂有查子、查條……此外還有林檎旋、林檎乾、溫柑、金橘、龍眼、荔枝、芭蕉乾、人面子、巴覽子等。

上面提到的這些其實不應該叫乾果，應該叫果乾，大半是為了便於保存把鮮果曬乾後製成的，也有些經過了特別加工。譬如嘉慶子本來是洛陽一個叫嘉慶坊的地方李樹上結出的李子，在汴梁很有名，因此被稱為「嘉慶李」，也叫嘉慶子。根據《本草綱目》介紹，這種李子要在夏天成熟變黃的時候採摘，裹上鹽揉去汁液，再和鹽一起曬乾去核，再次曬乾才算製成，可以做下酒的小菜，也能當看菜。

當然，除了鹽漬法，嘉慶子也可以用蜜煎。蜜煎是用蜜醃制之後再烘乾的果乾，說穿了就是今天的蜜餞。不過有些水果不用蜜，用糖也行。如前面沒有提到的一種櫻桃煎，就要將櫻桃在「梅水」中浸泡煮熟之後，再倒入印模之中做成餅，同時為了增加甜味，在水中加了糖。不單櫻桃煎，按照《本草綱目》的說法，嘉慶子也可以「糖藏」，看來用糖醃制也行。因此宋代的果乾，大部分應該都是甜的。當然，用鹽醃制就會帶有鹹味，而水果原有的酸性也會呈現出來，這大概就是「鹹酸」。

宋代時有「砌香鹹酸」，也屬於加工過的水果或乾果，「砌香」雖然不容易搞清楚是怎麼回事，「鹹酸」卻是很好理解。

既然屬於「乾果子」，當然不會是新鮮上市的。就拿龍眼和荔枝來說，您肯定知道它們產於南方，生活在現代任何地方，固然都可以憑藉保鮮技術吃到新鮮龍眼和荔枝，然而在大宋，畢竟難以想像，楊貴妃雖然可以「一騎紅塵妃子笑」，但人家貴為貴妃啊，老百姓哪裡會享受那樣的待遇？再說就算運來了，也沒幾個人消費得起，更不會在大街上售賣。大宋朝最好的荔枝來自福建，龍眼來自廣西。這些南方的「顯貴水果」自然不大可能成為東京汴梁平民百姓的「新寵」，即使對南宋臨安的人來說也不容易。不過，當時的兩京民眾還是能嘗到很多地方特產的鮮果，像河南陝縣的鳳棲梨、滎陽的石榴、太原的葡萄、溫州的柑橘（溫柑）、江西的金橘等等。

說起江西的金橘，當初和竹子一起作為貢物送到東京汴梁。東京人大概不知道竹子並不能吃，嘗試了一下，覺得太酸太硬不好吃，不肯再要了。但是金橘呢，也不是特別得寵。宋仁宗的張貴妃對金橘表現出濃厚的興趣，這才令它身價倍增，又一次驗證了名人代言的巨大力量。

風雅要吃花，慈悲需造假

《山家清供》是一本好書，給後人留下了不少特別的菜式，而且能讓後人知道具體的做法。譬如這一款「雪霞羹」，光聽名字就讓人動心。再看那做法，「采芙蓉花，去心、蒂，湯焯之，同豆腐煮。紅白交錯，恍如雪霽之霞，名雪霞羹。加胡椒、薑，亦可也。」好不稀奇啊，不過那紅白兩色交相輝映，錯雜在湯盆之中，的確惹人喜愛。況且以芙蓉花瓣入菜，倒也新鮮，味道肯定清淡、馨香。只是如果加了胡椒或薑，反而覺得有失風雅了。

提起「風雅」這兩個字，似乎總和風花雪月相關。名人文士們要吃花，只怕也為了顯示風雅吧。《山家清供》裡用花做的食物還不少，例如廣寒糕：用桂花去了青澀的花蒂，灑上甘草水，和糯米粉製成糕餅，其實就是現代的桂花糕。不過在當時，這種廣寒糕還有另一種寓意——「大比歲，士友咸作餅子相饋」，公務員招考那一年，考生們紛紛以廣寒糕為互贈禮物，「取廣寒高甲之讖」，圖個高中榜甲的吉利。

再比如梅粥，用凋謝落下的梅花瓣和雪水與白米煮成粥，梅花要最後才下鍋。更有一種「湯綻梅」最是神奇，農曆十月梅花將要開放時，用竹刀將整朵梅花割下，花苞花蒂蘸上蠟，放到蜜罐裡封存。到第二年夏天取出，以熱湯泡制，據說梅花就會綻放開來，而且梅香沁鼻，尤為可愛。只是不知道這樣做出來的湯能不能喝。

前文提到的那位找大夫給趙昚看病的吳皇后吃東西喜歡清淡，不愛葷腥。她吃生菜時要加入牡丹花瓣，有時還要裹上一層麵，油炸酥脆了再吃，這就是牡丹生菜。除了用牡丹花，她有時也用梅花，那就該叫梅花生菜了。

《山家清供》裡的菜式有些用了花的名目，但其實並非直接吃花。「梅花湯餅」實際上是做成梅花樣的麵片湯。「百合麵」用的是百合根，而不是百合花。還有一種「蜜漬梅花」雖然用梅花花瓣泡的水浸過，但吃的是白梅肉。至於「梅花脯」，根本和梅花沒關係，是用栗子、橄欖切片，拌上鹽吃的，據說有「梅花風韻」，所以才取了這麼個名字。

前面還提到過假肉饅頭、假江瑤。假肉就是素肉，假江瑤當然也要用別的東西代替。但為什麼真材實料不吃，要吃冒牌貨呢？理由很簡單：

一心要慈悲，不肯荼毒生靈，卻又抵抗不了美食誘惑，於是只好吃點假貨過過嘴癮了。《山家清供》就介紹了一款假煎肉，而且有詳細的做法：將瓠瓜和麵筋切片分別油煎，再加蔥、椒、油、酒共炒而成。不過可惜，煎麵筋用的是「肉脂」，也就是動物的肥油，大概不這樣不能使麵筋有肉味，所以這種素肉還是沾了葷腥，不能算真的素菜。

《東京夢華錄》介紹了不少這種「假」菜，例如假河豚、假蛤蜊、假炙獐等。《夢粱錄》也有，像腰子假炒肺、假團圓燥子、假清羹、蝦蒸假奶、假驢、假鴨等。就連宮廷御宴也造假，《玉食批》中有鱖魚假蛤蜊和豬肚假江瑤之類。不過看那配料，這種菜估計不是為了慈悲，而是蛤蜊和江瑤的確不易得，偶爾也得造點假，能吃到那個味就行了。

Fantastic 028

活在大宋

原著書名 / 活在大宋
原出版社 / 北京日知圖書有限公司
作者 / 劉曙剛

企劃選書 / 劉枚瑛
責任編輯 / 劉枚瑛
版權 / 黃淑敏、吳亭儀、劉鎔慈、江欣瑜
行銷業務 / 黃崇華、周佑潔、張媖茜

總編輯 / 何宜珍
總經理 / 彭之琬
事業群總經理 / 黃淑貞
發行人 / 何飛鵬
法律顧問 / 元禾法律事務所 王子文律師
出版 / 商周出版
台北市104中山區民生東路二段141號9樓
電話：(02) 2500-7008　傳真：(02) 2500-7759
E-mail：bwp.service@cite.com.tw
Blog：http://bwp25007008.pixnet.net./blog
發行 / 英屬蓋曼群島商家庭傳媒股份有限公司城邦分公司
台北市104中山區民生東路二段141號2樓
書虫客服專線：(02) 2500-7718、(02) 2500-7719
服務時間：週一至週五上午09:30-12:00；下午13:30-17:00
24小時傳真專線：(02) 2500-1990；(02) 2500-1991
劃撥帳號：19863813　戶名：書虫股份有限公司
讀者服務信箱：service@readingclub.com.tw
城邦讀書花園：www.cite.com.tw
香港發行所 / 城邦(香港)出版集團有限公司
香港灣仔駱克道193號超商業中心1樓
電話：(852) 25086231傳真：(852) 25789337
E-mailL：hkcite@biznetvigator.com
馬新發行所 / 城邦(馬新)出版集團【Cité (M) Sdn. Bhd】
41, Jalan Radin Anum, Bandar Baru Sri Petaling,
57000 Kuala Lumpur, Malaysia.
電話：(603) 90578822　傳真：(603) 90576622
E-mail：cite@cite.com.my
美術設計 / COPY
印刷 / 卡樂彩色製版有限公司
經銷商 / 聯合發行股份有限公司　電話：(02) 2917-8022　傳真：(02) 2911-0053

2021年(民110) 9月7日初版
定價360元　Printed in Taiwan
ISBN 978-626-7012-32-1　　城邦讀書花園 www.cite.com.tw

國家圖書館出版品預行編目(CIP)資料

活在大宋/劉曙剛著. -- 初版. -- 臺北市：商周出版：
英屬蓋曼群島商家庭傳媒股份有限公司城邦分公司發行,
民110.09　336面；14.8×21公分. --(Fantastic；28)　ISBN 978-626-7012-32-1(平裝)
1. 社會生活　2. 生活史　3. 宋代　635　110011406